空に向かってかっ飛ばせ！

未来のアスリートたちへ

para la calle

筒香嘉智

文藝春秋

プロローグ　ドミニカに僕の野球の原点があった

空港の扉を抜けた瞬間に、音楽の渦に包まれていた。

2015年12月。

僕はカリブ海に浮かぶイスパニョーラ島にあるドミニカ共和国を訪れていました。

首都のサントドミンゴの空港に降り立ち、トランクを押して空港の建物を出た途端に、目に飛び込んできたのはギターやドラム、ホイッスルなどでアップテンポなラテン音楽を演奏する一団でした。その前を、大きな荷物を抱えた観光客やカラフルな服に身を包んだ現地の人々が慌ただしく行き交っています。それでもお構いなしに、演奏のボルテージはますます上がっていきました。

空港の職員や警察官が規制する素振りもまったくありません。陽気なストリートミュージシャンたちの音楽を、周りの通行人もノリノリで楽しみ、音楽に合わせてダンスを踊っている人々もいました。

彼らのリズムに歓迎されたように、僕の足取りもついつい軽くなっていく気分でした。

まさに、そこはラテンそのものだったのです。

「やっと来ることができた」

空港の外に出ると強烈な日差しが肌を刺しました。それでも空気はカラッと乾燥していて風が気持ち良い。カリブ海の爽快な気候のせいもあったのかもしれません。

僕の心も自然と踊っていました。

ベイスターズからかかったストップ

僕がドミニカ共和国にやって来たのは、日本のプロ野球がオフになる12月に行われているウインターリーグに参加するためです。

きっかけは2年前の2013年でした。

この年、僕は横浜DeNAベイスターズ（以下ベイスターズ）で初めて開幕を1軍で迎えましたが、思うようなバッティングができずに中途半端な形で1軍と2軍を行ったり来たりする生活が続きました。チーム事情からポジションも固定されず、8月以降1軍に上がることはできませんでした。そうしてファームでじりじりしながら日々を過ごす中で、何か今までとは違うことに取り組みたい、という思いに駆られたのです。

そのことを相談したのが、中学生のときに所属した少年野球チーム、堺ビッグボーイズでお世話になり、プロ入り後はマネジメントをお願いしている瀬野竜之介さんでした。
するとさんから提案されたのが、ドミニカ共和国のウインターリーグに参加することだったのです。

実は瀬野さんは前年の２０１２年に、当時ＪＩＣＡ（独立行政法人国際協力機構）に勤めていた阪長友仁さん（現堺ビッグボーイズコーチ）の案内でドミニカ共和国のウインターリーグを視察して、レベルの高さを実感していました。現地の様子を詳しく話してくれた瀬野さんは、こう言うのです。

「面白いところだから、行ってみるのも手やぞ」

子供の頃からバリー・ボンズに憧れ、いずれは本場・アメリカのメジャーのグラウンドでプレーする夢を持っていたので、海外の野球に興味がなかったわけではありません。その頃は毎年、オフになると米国のロサンゼルスにあるトレーニング施設で、マイナーの選手に混じって体作りと練習をしていました。彼らと話をするたびに、海外でのプレーに夢が膨らみ、いつかは挑戦してみたい気持ちがどんどん膨らんでいた時期でもありました。

「行かせてください！」

僕は即答しました。

ただ、この年は球団の了解もとり、ドミニカのリーグに挑戦する計画を立てたものの、最終的には受け入れてくれる球団が見つからずに実現することができませんでした。

仕切り直しとなった2014年は早めに動き出し、現地で阪長さんが交渉して、所属する球団も決まり準備を整えたのですが、そこで思わぬ問題が起きてしまいました。

ベイスターズからストップがかかったのです。

その年、中畑清監督の下で左翼にコンバートされた僕は、114試合に出場して、初めて打率3割をマークして22本のホームランを打ちました。プロ5年目にして、ようやく1軍選手としての一歩を踏み出したシーズンだったのです。すると、球団が僕のウインターリーグ行きに難色を示すようになってしまいました。

主力選手として評価してくれたことで、逆にオフには来季に備えて体調管理に重点を置くべきだ、という意見が球団で支配的になっていました。参加するプラスよりも、ケガのリスクを心配するようになっていたのです。

結局、14年は球団から許可が下りず、ウインターリーグ参加の希望は叶いませんでした。

断念はしたものの、自分の中では〈どうしても今の環境から一歩踏み出したい〉という欲求を捨てることはできませんでした。

「ならばとにかく一度、自分の目で確かめよう」

そう思い立って、14年の秋季練習が終わった12月にドミニカに行きました。

現地ではサントドミンゴの「エスタディオ・キスケージャ」というスタジアムで試合も観戦しました。実際にスタンドからゲームを観ると、野球のレベルが思った以上に高いことは、すぐに分かりました。

ただ、環境は恵まれてはいません。グラウンドはもちろん日本のように整備されているわけではないですし、照明も暗い。試合前に案内してもらったロッカールームも、はっきり言って日本のプロ野球では想像できないくらいに汚かったです。

現地入りして数日経ったある日、チーム関係者とも仲良くなり、飛び入りで打撃練習に参加する機会を頂きました。実際に打ってみると、ボールは重くてあまり飛びません。それでも何本かスタンドに放り込むと、「今日の試合に出てくれ」と監督から真面目な顔で言われたこともありました。

試合の合間には、メジャーリーグの球団が運営する野球アカデミーを見学させてもらい、街中で少年野球チームの練習も見ました。ドアのついていない乗り合いタクシーで、観光客があまり行かないような街に出掛けたりもしました。

とにかく、見るものすべてが楽しくて、あっという間の一週間でした。

〈来年は必ずここで、ユニフォームを着て野球をしよう〉

サントドミンゴの飛行場を発つとき、ドミニカでプレーをすることは、もはや僕の中では

〝夢〟ではありませんでした。

野球がうまくなるために、必ずクリアしなければならない〝目標〟となっていたのです。

「止められても行きます!」

翌2015年は、ベイスターズで4番に定着して138試合に出場しました。打率は3割1分7厘、本塁打も24本で93打点を記録して、プロ6年目にして自己ベストの成績を残したシーズンとなりました。

そんなシーズンの終盤に改めて「ウインターリーグに参加したい」と球団にお願いすると、また反対の声はあちこちから聞こえてきました。

この年はシーズン終了後の11月に、日本代表として新しくできた国際大会「プレミア12」に出場予定だったことも、問題を複雑にしたかもしれません。大会前の事前合宿から札幌、台湾での予選リーグ、東京ドームでの決勝トーナメントと順調に勝ち進めば、11月下旬まで20日間近く代表チームでプレーを続けることになります。

シーズン終了から、ほとんど休む間もなく野球をし続けて12月を迎えることになる。そこにさらにウインターリーグに参加すれば、過密スケジュールからの疲労や故障を心配する声が出るのも仕方がないでしょう。

それでも、今度は自分の思いを絶対に貫き通すと心に決めていました。

「どうしても行きたいんです。止められても行きます!」

半ば強行突破だったかもしれません。僕には、これが自分の野球人生にどうしても必要だ、という決意がありました。

僕の強い気持ちを汲み取ってくれて、最終的には中畑監督も球団もOKして下さり、ウインターリーグへの正式参戦が決まりました。

データ

中南米のウインターリーグはドミニカ、ベネズエラ、メキシコ、プエルトリコなどで開催される。ドミニカ・ウインターリーグは6チームが参加して、10月から12月にかけてレギュラーシーズン50試合を消化。その後は上位4球団が次のステージである18試合を戦い、さらに上位2チームが9試合制のプレーオフでリーグチャンピオンを決める。

その後の2月にはウインターリーグを行なっている各国の優勝チームが集まるカリビアンシリーズを行い、中南米ナンバー1を決める熱戦が繰り広げられる。

チームに所属する選手は、ドミニカ生まれを中心にした中南米のプロの選手たちで、アメ

リカの3Aや2Aなどのマイナーでプレーする選手も多く含まれる。またときには帰国してきたメジャーリーガーが参加することもあり、中南米のウインターリーグの中では最も高いレベルのリーグで、日本人でドミニカン・リーグに参加した選手には中日の山井大介、浅尾拓也、吉見一起、又吉克樹らがいる。

所属チームは、サントドミンゴに本拠地を置く「レオネス・デル・エスコヒード」というチーム。そこで僕は、12月1日から21日まで約3週間にわたってプレーしました。

現地ではホテル住まいで、遠征も車で3時間くらいかけて日帰りしていました。

食事は、最初は少ししんどかったですね。米好きの僕ですが、ドミニカの米がパサパサでとんでもなかった。ただ、鶏肉に醤油のようなタレをつけて食べるご飯は美味しかったです。他の主食はイモです。揚げたバナナも意外と美味しかったですが、現地ではこれがおかずなのです。ドミニカの人たちは普通にご飯の上に揚げバナナをちぎって乗せて食べたりしていましたが、さすがに僕にはできなかったです。

プレーをしてみると、予想通りに野球のレベルは非常に高く、選手個々のポテンシャルも日本のプロ野球に匹敵する実力でした。

僕はここで10試合プレーして34打数7安打の打率2割6厘、2打点で本塁打は0本という成績でした。

結果としての数字は、決して良いとはいえないものです。

それでも、ここに来なくてはわからないことがたくさんありました。

たとえば、投手が投げるタイミングと動くボールへの対応です。タイミングは、日本の投手のボールが「1、2の3」で来るとすれば、ここで対戦した投手は、極端に言うと後ろの「3」がなくて、いきなり「1、2」で来る感じ。

しかも手元で動くので、こういうボールに対応するには、バッティングのムダな動きをそぎ落として、シンプルにする作業が必要でした。それまで右足を上げてタイミングを取っていたのをすり足気味にしたのも、そういうそぎ落としの結果です。

一番大きかったのは、日本との環境の違いです。

試合が終わってもまともな食事は出ないし、移動もバスで3時間などは当たり前でした。グラウンドも日本のように整ってはいない。街に出ても、日本では当たり前の安全で良い暮らしをしている人は、ほとんどいません。

翌シーズンの所属先が決まっていない選手が多かったので、彼らの必死になる姿には迫力を感じました。でも、ひとたび野球から離れれば、とても明るく振舞う。

そういう人間的な強さを感じました。

野球への渇きが芽生えた

〈僕はどれだけ優遇されて、幸せなんだろう〉

そんなことを考え出すと、今の環境にどっぷり浸かっていることに居心地の悪さを感じるようになってしまったのです。

〈こんなことをやっている場合じゃないよな〉

〈もっとやることがあるよな〉

野球に関しても、生き方に関しても、貪欲になりました。

悪い環境でやる方が良い、と言っているわけではありません。

〈この環境でもこれだけできるのだったら、もっと良い環境にいる自分はもっとできることがあるんじゃないか〉

そんな渇きのような感情が、どんどん膨らんでいったのです。もっと野球が上手くなりたい、ただただ上手くなりたい、という欲求が高まりました。

ドミニカでの3週間で、僕が得たものはそれだけではありません。

僕がここで経験したのは、日本とはまったく違う野球文化でした。

ウインターリーグはドミニカの野球では、最も人気があって年間で一番、お金が動く興行だそうです。

収支は観客の入場料収入などで決まり、6球団中4球団が進出する1月のプレーオフに残ることが黒字の大きな条件になります。だから監督は勝つことが使命ですし、日々の勝負に全力を尽くします。

選手たちは選手たちで、気になるのはメジャーや日本からやってくるスカウトたちの視線です。彼らは、ここで活躍してメジャーや日本の球団と高額の契約を取るために、それこそ生活を賭けたプレーをしているのです。

だから勝敗にシビアな割に、監督やコーチは決して、選手に「どう打て」とか「どうプレーしろ」と強制することはありません。

「チームのためにもっとチームバッティングをしろ。オマエができないとチームが負けるんだ」

日本では少年野球から高校野球、プロの世界まで、監督やコーチ、指導者からよく聞く言葉かもしれません。しかしドミニカではそういう言い方は一切しないのです。

「おまえが活躍することが、チームの勝ちにつながる。だから失敗を恐れずにもっともっとチャレンジして上手くなれ。そのためにオレたちは何でも手伝ってやるぞ」

コーチは選手にこう声をかけます。

ここでメジャーのスカウトに見出され、道が開けた選手がたくさんいます。指導者はそれが分かっているから、個人を大切にする習慣がついているのです。選手は、打つためにはどうしたらいいのかを、自分で必死に考えています。

決してコーチから「ああしろ、こうしろ」と言われるのではなく、自分で考えて成長する。それを手助けするのがコーチの役割。そういう関係が、ドミニカでは貫かれていました。

試合がない日は、子供たちが試合をするグラウンドにも行きました。

そこは野球場というにはあまりに粗末な場所でした。いわゆる原っぱのようなところで、足元もデコボコです。裸足で走り回っている子供もいました。

ここでも指導者たちは、絶対に子供たちに「こう打て」とか、「もっと基本に忠実にやれ」などと強制することはありませんでした。

とにかくバッターは思い切ってバットを振る。ピッチャーは速い球を投げる。守備では、小学生がジャンピングスローやグラブトスを普通にやっています。

日本でそんなプレーをすれば、「もっとコンパクトに振れ」「もっとコントロールに気をつけろ」と指導され、ミスをすれば「もっと基本に忠実なプレーをしろ」と怒られてしまうことが多いでしょう。子供たちがチャレンジすることすら、すぐに禁止されてしまうのです。

しかし、ドミニカの指導者たちは、そうしたプレーでミスをしても何も言いません。だから子供たちは失敗を恐れず、何回も失敗しながら、新しいチャレンジをしていきます。

子供たちが使っているグラブやバットもボロボロで、打球はしょっちゅうイレギュラーします。それでもみんな気にもかけずにノックのボールを受けて、キャッチボールをしていました。

「イレギュラーは怖くないの？」

練習後にある子供に聞きました。

すると怪訝そうな顔で、子供から逆にこう質問されてしまいました。

「イレギュラーってなに？」

トップリーグでプレーする選手たちも同じでした。

「イレギュラーの対処法は？」

彼らに同じ質問をしたことがありました。

返ってきたのは、「イレギュラーってなんだ？」

子供たちと全く同じ答えでした。

ここではグラウンドがデコボコなのは当たり前で、打球が思わぬバウンドをするのも野球の一部なのです。ボールを弾いても叱られず、言い訳をする必要もないから、イレギュラーという言葉がないのです。

野球は苦しいものではない

ドミニカのそんな環境の中でプレーをしてみて感じたのは、どの選手も心から楽しそうに野球をしていることでした。

自分を振り返ってみました。横浜高校時代からプロの世界に入るまでの間、こんなに笑顔で野球をしてきたことがあっただろうか。思わず子供の頃にまで、思いを馳せてしまいました。

「何で毎日、そんなに楽しそうなの？　野球をしていて辛いことはないの？」

選手の一人に聞いたことがあります。

すると彼は〈なんでそんなことを聞くんだ！〉とばかりに目を丸くしてこう言いました。

「人生なんだから、いろいろなことがあるし、もちろんオレにだって辛いこともあるさ。でもそういうときは音楽を聴いて忘れることだよ。そうしてまた気持ちを切り替えて、次の日を迎えればいいじゃないか！」

そんな質問をしたことに、僕は少し恥ずかしい気持ちになりました。

もちろんそうは行かないところが僕たち日本人の気質かもしれません。そこにドミニカ人にはない日本人の良さがある、と思います。そう考えれば、ドミニカ人も日本人も、お互いさまの部分はあるでしょう。

でも、そのとき野球が辛いと思ってしまっていた自分が、恥ずかしかったのです。僕は成長するに従って、だんだんと野球をすることを息苦しく感じていたのかもしれません。ドミニカに来て、ただただ〈野球がうまくなりたい〉と思って毎日、ボールを追いかけ、練習をしていた子供の頃を思い出しました。

あの頃だって、もっと友達と遊びたいとか、うまく行かなくて辛いと思ったことは何度もあったはずです。でも翌日になれば、野球がしたくてどうしようもなくなって、またボールを追いかけていたのです。

僕は野球が好きです。

もっともっと上手くなりたい。ずっとその思いだけで、小学生の時から今日まできました。しかし、いつしか野球を心から楽しむ気持ちを失いかけていたのかもしれません。

ドミニカ共和国には、そういう僕の野球の原点があったのです。

もっとうまくなるための、もっと成長するための、そしてもっと野球が好きになるためのエネルギーを、カリブ海のこの小さな島国で見つけた気持ちになりました。

彼らのように失敗を恐れずチャレンジして、たとえうまく行かなくてもそのチャレンジを楽しむことが、野球で成長するには絶対に必要です。

そのことを、周囲の大人たちが理解しなければならないのだと思います。

「パラ・ラ・カイエ（Para la calle）！」

ドミニカの粗末な球場では、子供たちの誰かがホームランを打つと、みんながこう叫びます。

「通りまで飛んでった！」

グラウンドの仕切りは、オンボロのフェンスが立っているだけ。でも、そのフェンスを越えて道路までぶっ飛ばすホームランを打とうと、子供たちはいつもフルスイングをしています。三振をしても誰も咎めることはありません。見事にホームランを打ったら、みんなで叫んで大はしゃぎします。

「パラ・ラ・カイエ！」

野球とは、決して苦しいものではない。

日本の子供達が、野球を楽しいものだと心から思えるようにするには、どうすれば良いか。そのことを伝えるために、僕はこの本を書くことにしました。

空に向かってかっ飛ばせ！

未来のアスリートたちへ ◉ 目次

苦手なことをまず、徹底的にやる
飛び抜けてうまくないけれど、コツコツと続ける
兄の密かな計画
小学校４年生が転機だった

第２章 兄が導いてくれた道

第4章 「勝利至上主義」が子供たちの未来を奪う 125

第5章 堺ビッグボーイズの試み 141

練習時間や練習内容の見直し
リーグ戦制度の導入
年間１４０試合もする子供たち
大人たちが変わり始めた
投手の球数制限が必要だ
変化球の多投が肘を壊す
高校野球と金属バットの問題
高校野球だからこそ、できる改革がある

エピローグ　**「空に向かってかっ飛ばせ！」(para la calle)**

子供たちには個性がある
ＷＢＣで野球漬けになる幸せ
勝たなくても部員は集まる
固定観念を打ち破る

聞き手・取材・構成　鷲田　康
本文デザイン・装幀　石崎健太郎
DTP　明昌堂
図版　精美堂
装幀写真　渞　忠之

第1章

バリー・ボンズになりたかった

いつもライバルだった双子の姉と、近くの公園で

２０１８年１月のことです。僕はスーパーバイザーを務める「チーム・アグレシーボ」の体験会に参加しました。「チーム・アグレシーボ」は、僕が中学生の頃に所属した少年野球チーム、堺ビッグボーイズの小学生部門です。

練習の後、僕は集まった記者の方たちに、こう語りかけました。

「日本の野球界は変わらなければならない。そのために僕も、勇気をもって行動したい」

僕の発言は、球界で大きな反響を呼びました。いくつかの媒体で報じられたこともあり、初めて聞いた人の中には、現役の選手がこんな発言をするのか、と驚いた人もいるようです。

しかし、僕にとっては、昨日今日思いついたことではありません。まずはその真意から、お話ししようと思います。

野球人口減少への危機感

僕が「チーム・アグレシーボ」のスーパーバイザーに就任した背景には、野球界の現状に対する自分なりの危機感がありました。

それは野球人口がもの凄いスピードで減っていっている、その根底にある問題です。

野球人口減少の最大の理由としては、少子化が挙げられることが多いと思います。確かに少子化は、昔に比べて野球をする子供の絶対数が減っていった一つの理由ではあるでしょう。しかし、これだけ大幅に野球人口が減っている背景には、少子化だけでは済まされない、もっと深刻な問題があるのではないかと思うのです。

一つは子供が野球に触れる機会が、昔に比べて少なくなっていることです。

これは僕が生活する横浜や、そのほか東京、大阪や名古屋という大都市だけの話ではありません。

和歌山県の橋本にある実家に帰ったとき、子供時代によく遊んでいた家の近くを歩いてみても、その辺の道端や広場で子供たちがキャッチボールをする姿を見ることはなくなりました。代わりに公園ではサッカーボールを蹴っている子供もいれば、ここ数年ではバドミントンや卓球などの室内競技を楽しむ子供がどんどん増えている、とも聞きます。

実は多くのスポーツの中で、野球をする子供の数が、急激に減っているのです。特に中学生の部活動では、その傾向が顕著になっているとも聞きました。

この事実が示すことは何なのか、と僕はずっと考えてきました。

データ

文部科学省の発表した学校基本調査によると、少子化による中学校の男子人口の推移は2

009年度の183万9000人から8年後の2017年度には170万4156人と約13万5000人、7・3%の減少となっている。

一方、日本中学校体育連盟の加盟校調査による中学生の軟式野球部員数は2009年度には30万7053人だったのが、2017年度には17万4343人と、13万2710人もの大幅な減少を示した。減少割合は43・2%。少子化による生徒数減少の割合の6倍以上のペースで減っていることが分かる（表1）。

一方、サッカーの部員数は2009年度は22万3951人と野球部員数より8万人強少ない数字だった。ところが2017年度は21万2239人とほぼ横ばいの数字を維持し、すでに野球部員の数を上回っている。

また他の競技でも、卓球の男子部員数は14万9019人から15万5004人、バドミントンも3万6510人から4万9469人（いずれも2009年度と2017年度の比較）と、同じ期間で、むしろ部員数は微増の傾向にある。

この現実に、野球に携わる多くの人々が危機感を抱いています。

僕が所属する横浜DeNAベイスターズも、幼稚園での野球の体験会を開いたり、本拠地のある神奈川県の全ての小学生、幼稚園児、保育園児にチームの帽子を配布したこともあります。

表1　少子化と軟式野球人口減少率　（単位：千人）

	2009	'10	'11	'12	'13	'14	'15	'16	'17	'18
①中学生男子人口	1,839	1,817	1,826	1,816	1,809	1,793	1,773	1,742	1,704	1,662
②中学生軟式野球人口	307	291	281	262	242	221	202	185	174	167

①は『学校基本調査』（文部科学省のサイトより）
②は『加盟校調査集計（男子）』（日本中学校体育連盟のサイトより）
2018年の中学生軟式野球人口は速報値

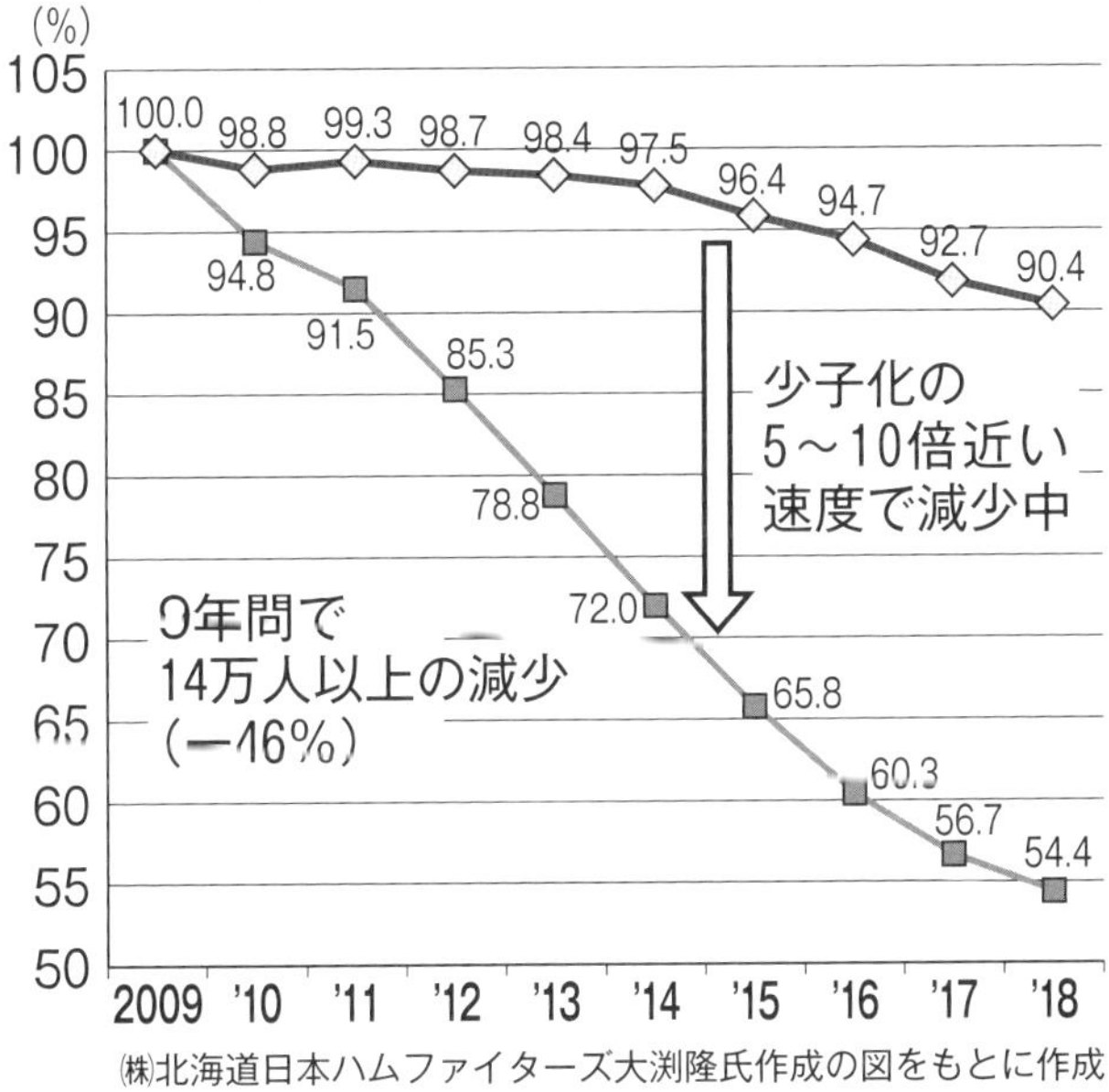

㈱北海道日本ハムファイターズ大渕隆氏作成の図をもとに作成

もちろん、子供たちにベイスターズファンになってもらうことも目的の一つです。が、それだけでなく、子供たちが野球そのものにも触れ合う機会を積極的に作ることが狙いでした。

球場でも様々なイベントや演出を企画し、子供たちが野球場に来るのが楽しいと思えるよう、努力しています。

その結果、本拠地の横浜スタジアムに足を運んでくださるファンの方や、子供たちも着実に増えてきて、２０１８年のシーズン観客動員数は初めて２００万人を突破しました。

もちろんこうした努力は、ベイスターズだけがしているわけではありません。プロ野球12球団がそれぞれ、様々な形でフランチャイズ都市や地元圏を足場に、野球の普及活動に取り組んでいます。

また、球団だけではなく球界ＯＢ、アマチュア球界の人たち、オフになれば現役の選手たちも、野球教室や体験会を開いて、野球というスポーツの面白さを広めるために力を尽くしているのを見聞きしています。

そうした様々な活動にもかかわらず、現実には想像をはるかに超えるスピードで、野球の衰退は進んでしまっているのです。

野球人口がなぜ、これほどまでに減ってしまっているのか。

そのことをもっと掘り下げて、真剣に考えなければいけない時期に来ています。

僕は、昔ながらのシステムや考え方を、日本の野球界が変えられないでいることが大きな理由の一つになっているのではないか、と考えています。

競技人口の割に、メジャーリーガーが少ないのはなぜか

ドミニカ共和国の人口は、日本の12分の1の1千万人ちょっとです。それなのに、ドミニカ出身の野球選手は毎年、150人近くがメジャーでプレーしています。ボストン・レッドソックスで活躍したデイビッド・オルティーズ内野手やシアトル・マリナーズのロビンソン・カノ一内野手、ロサンゼルス・エンゼルスで大谷翔平投手のチームメイトのアルバート・プホルス内野手……みんなドミニカ共和国で生まれ、子供時代を過ごし、野球を覚えて育った選手たちです。

いまメジャーリーグでプレーする選手で、北米出身に次いで2番目に多いのがドミニカ共和国出身の選手です。

それに比べて、ドミニカ共和国の12倍の人口がある日本人のメジャーリーガーは10人もいません。

これが日本の野球の現実です（表2）。

もちろん日本人の優秀なプレーヤーの多くが、日本のプロ野球でプレーしていることも理由の一つです。

しかし、僕も含めて日本のプロ野球でプレーする大多数の選手が、一度はメジャーでプレーすることを夢みたか、あるいは今もそこを目標にプレーしているはずです。それなのになぜ、ドミニカ出身の選手の15分の1にも満たないメジャーリーガーしかいないのでしょうか。

僕は決して日本人がドミニカ人に比べて野球の能力や才能が劣っているとは思いません。これから詳しく話していきますが、そういう身体的な問題ではなく、日本で野球を志す子供たちが、どこかでメジャーリーガーになれる芽をつまれてしまっているからではないか、と思うのです。

だとしたら、これほど不幸なことはないでしょう。そう思ったら僕は、この現状を変えていくために何かをしなければならない、という思いに駆り立てられました。

ドミニカ共和国から帰国した直後から、いろいろな方法を考え始めました。2016年のシーズン後、「チーム・アグレシーボ」のスーパーバイザーに就任したのも、その一つの手段です。

勇気をもって今の日本の野球界を変えるきっかけを作ろう。子供たちがもっと楽しく、成長できる野球環境を作る力になりたい。そう決意したのは、子供たちの野球をする環境が変わらない限り、日本の野球に未来はないと思ったからです。

表2　ドミニカ共和国他の人口に対する現役大リーガー率

国　名	人　口	現役 大リーガー （2017年）	日本と同じ 人口に換算 した場合
ドミニカ共和国	1017万人	151人	1781人
ベネズエラ	3062万人	110人	431人
キュラソー島	14万人	5人	4285人

http://www.baseball-almanac.com/players/birthplace.php?y=2017をもとに阪長友仁作成

この本では、僕自身が野球に取り組んできた経験や出来事を振り返りながら、この問題を掘り下げて行きたいと思います。

僕の最初の野球の記憶

和歌山県の北部を流れる紀ノ川沿いの山あいに、橋本市という小さな町があります。

１９９１年11月26日。

僕はそこで生まれました。

体重は２２００グラム。二卵性の姉との双子で、生まれたときは小さな未熟児だったと母は言っていました。

筒香という姓は和歌山県の高野山の奥、奈良県との県境にあった筒香《つつが》村という場所が由来だそうです。父によると、今は我が家と父の兄である伯父一家、その伯父の長男の家と、日本全国でも、たった3軒しかない珍しい名前だということです。

僕が生まれた頃、父は橋本市内でガソリンスタンドを営んでいました。

もともとの筒香家は橋本の農家で、父の父、つまり僕のおじいちゃんは会社勤めをしながら、その傍ら農業をやっていたといいます。当時その辺りには1軒もガソリンスタンドがなかったことに目をつけたのが、そのおじいちゃんでした。ただ、結局、祖父の代では店を開く夢は実現できず、父が二十二歳のときにサラリーマンを辞めて、家の隣で開業したそうです。

僕が野球を始めたのも、そのガソリンスタンドの敷地でした。両親とも特にスポーツに打ち込んでいた経験もない、ごく普通の家庭でしたが、父はとにかく野球が大好きです。10歳年上の兄も父の勧めで野球を始め、僕が生まれた頃には軟式の少年野球チームに入って、本格的にやり始めたときでした。僕も当たり前のように、2、3歳になると父からボールを与えられて、ガソリンスタンドの敷地で遊んでいたのを覚えています。

これが僕の最初の野球の記憶です。

その頃は柔らかいテニスボールを投げたり、プラスチック製のカラーバットで打ったりしていました。野球以外の、バドミントンやテニスなどのラケットも使って、ボールを打ったのも覚えています。

幼稚園に通う頃になると、だんだんと遊びといえば野球が中心になっていきました。小学校に上がる前には、兄のお古のグローブをもらって、硬式のボールでキャッチボールをするようになっていました。

生まれたときは未熟児でしたが、そうやって幼稚園から帰っても、父とガソリンスタンドで野球の練習をしていたからだと思います。この頃から家に帰るとぺこぺこにお腹を空かせて、とにかくご飯を食べる子供でした。

「牛のように食べる子だった」

と母は言っています。

それだけよく食べるので、小学校に上がる頃には、体重がどんどん増えていきました。身長はまだそれほど高くはなかったのですが、肥満児というほどではないにしても、明らかにぽっちゃりとした小太り体型の子供になっていました。

決して強制はしなかった父

「嘉智、ちょっと楽しいところに連れて行ってあげるよ」

小学校2年生になる前の春休みだったと思います。

朝起きて、ご飯を食べていつものように野球の練習に行こうとすると、父が突然、こう言って僕を車に乗せました。

「ちょっと時間がかかるから、そこで寝とき！」

わけもわからず助手席で不安そうな顔をしている僕を見て、父はこう言って車を走らせ始め

家族で出掛けるのは野球にまつわる場所が多かった。太地町の落合博満野球記念館で

ました。

紀州の山道を1時間ぐらい走って着いたのが、和歌山市内にあった和歌山ニューメッツ（現ヤング和歌山メッツ）という少年野球チームのグラウンドだったのです。

証言　父・和年

「地元にもいくつか少年野球のチームがあったのですが、本格的に野球を始めるなら、硬式ボールを扱うチームの方がいいと思っていたのです。というのも硬式ボールは危ないので、ゴロ一つを捕るのでも基本からしっかり教わった方が良いと思ったからです。まず基本を教えて欲しかったので、色々と調べてたどり着いたのが、ちょっと家からは遠かったのですが、和歌山市内にある和歌山ニューメッツというボーイズリーグに所属（現在はヤングリーグ所属）するチームでした」


「みんなが野球をやっているのを見とき」

父にそう言われて、その日は練習を見学しました。

橋本近辺の学童野球のチームとは違って、硬式のボールを使っているのはわかりました。やっぱり硬式と軟式ではボールを打つバットの音はもちろん、キャッチボールでグラブが弾ける音も全く違います。

自宅では硬式ボールを使ってキャッチボールや練習をしていたので、その点にはそれほど違和感はありませんでした。

ただ……練習を見ていて驚いたのは、監督さんがもの凄く怖くて、選手がピリピリしていたことだったのです。

実は小学校に入学して、最初の担任の先生が怖くて、当時の僕はちょっとトラウマになっていたところがありました。わんぱくでぽっちゃりしているのが目立っていたのかもしれません。それで目をつけられていたのか、学校では何かというとその先生に怒られていました。

学校に慣れていなかったせいもあったのだと思いますが、自分の中ではそんなに悪いことをしているつもりはなかったのに、理由もなく怒られる。ちょっとしたことで大げさに怒鳴られるように感じていました。ちょっと学校に行きたくないなと思っていた時期だったのです。

だから、自分が楽しい野球をするときだけは、誰かに押さえつけられてやるのは嫌だなと思っていました。

ところが和歌山ニューメッツの練習を見ていると、選手がちょっとでもミスをすると、監督さんがもの凄い剣幕で怒鳴り散らして怒っていたのです。

それが第一印象でした。

「こんなところでは絶対にやりたくない」

子供心に父がこのチームに自分を入れたがっているのは分かっていたので、帰りの車の中ではこう思って身を硬くしていました。

そんな様子に父も気づいたのか、それからしばらくはニューメッツの話は家でもあまり話題になりませんでした。ところが2年生になって夏休みも終わった9月に、父がまた練習を見に連れていってくれると言い出したのです。

僕もその頃には本格的にチームに入って野球をやりたいという気持ちは強くなっていたので、また父の車に乗ってグラウンドを訪れました。

するとそこで見たチームの雰囲気は、ガラッと変わっていたのでびっくりしました。

監督さんがすごく優しくなっていたのです。

後から聞いた話ですが、最初に見学したときの6年生は、野球のうまい有望な選手が集まっていて期待されたチームだったそうなのです。それで監督さんも一生懸命で、ことのほか子供たちにも厳しかったようなのです。ところが学年が替わって、新しく6年生になったチームは、それほど強くはなかった。そこで監督さんも、これまでのようにピリピリして、うるさく言わなくなったというのが真相でした。

「これだったら楽しそうだな」

僕はすぐにチームに入ると決めて、その日から本格的に野球を始めることになりました。

「野球をやる前に勉強をしなさい」

この頃の父の口癖は、

「野球をやる前に勉強をしっかりしなさい。成績が落ちたら野球はやらせないよ」

でした。

父には一度だけ、ものすごい剣幕で怒られたことがあります。

中学校に上がった直後のテストで成績が悪く、

「次のテストで良い成績が取れなければ、野球を休んで勉強させるからな」

とお説教されていた。その「次のテスト」でも、あまり良い成績がとれなかったのです。父からは野球禁止令が出されました。

「一回、野球を休んで勉強しなさい」

と、厳しい口調で言われたのです。

ところが、僕は野球がやりたくて（勉強がしたくなかったというのもありましたが……）、勉強しているふりをして、隠れて友だちと野球をしていたのを見つかってしまいました。

「何を考えとるか！　ここに正座せい！」

珍しく、凄い勢いで父に怒られました。一時間以上、正座をさせられてお説教されました。

これが僕の記憶に残る中では最初で最後、父を本気で怒らせた出来事でした。

ただ、そのときも父は決して手を上げることはありませんでした。

と、いうより筒香家には、親が子供に手をあげるという感覚がなかったのかもしれません。

もちろん子供の頃に、ゴツンと軽くげんこつをもらったことはありますが、それ以外に両親に手をあげられた記憶はまったくありません。

どんなに怒っても、〈なぜ、それがいけないのか〉〈どうしなければならないのか〉を、父は懇々と言い聞かせてくれました。

温かく見守ってくれた家族

年齢が10歳離れていたこともあったと思いますが、それは兄との関係でも同じです。兄と喧嘩して殴られたとか、取っ組み合いをしたという記憶もまったくありませんでした。

野球禁止令が出されても、野球を一番好きだったのは父かもしれません。僕や兄に野球を勧め、野球のためならしんどいことも厭《いと》わずに一生懸命、手伝ってくれたのも父でした。

母には怒られた記憶がまったくありません。本当に何も口を出さず、母との思い出と言えば、僕がキャッチボールばかりしていて少し飽きたときに、母とバドミントンをしたこと。なぜかこのことをよく覚えています。

勉強をしないで父に怒られると、父が見ていないところで黙って宿題を手伝ってくれた。そんなことが何度もありました。

一家は野球を中心に回り、それを母が静かに見守ってくれている。そうして筒香家は成り立っていたような感じでした。

父が野球への道を開いてくれたのですが、小学校に入ると、野球以外にいくつかの習い事に通わせたのも父でした。

「野球より学校の勉強」が口癖だったので、小学校の低学年のときには公文式の学習塾にも通っていました。また、その頃に習い始めたのが、水泳とピアノでした。

実は習い事を増やしたことにも、父の深謀遠慮がありました。

証言　父・和年

「ピアノを習わせたきっかけは、やっぱり野球でした。あの子は右利きなのですが、ピアノは右手と左手を別々に使う。右手を動かす左脳だけでなく、左手を司る右脳も発達させるた

めに良いと聞いて、小学校1年生から姉と一緒に習わせたのです。

公文式の学習塾に通わせたのは、もちろん勉強をしっかりする習慣をつけさせたかったことが一番です。ただ、これも野球をやっていく上で大事だという思いがありました。計算がパパッとできるような頭の回転の速さや、頭を使う習慣が必要だと思って塾に通わせることにしました」


父がこんなことまで考えていてくれたのは知りませんでしたが、僕は野球を含め、何をするにも決して器用な方ではありません。

むしろ不器用だと思います。

子供の頃から何かをやれと言われて、パッとできた記憶は正直あまりありません。

たとえば、体育の授業で側転や逆立ちをするのですが、少しぽっちゃりしていた体型のせいもあって、最初は全然うまくできないことばかりでした。プロになってからも新しいことに取り組もうとすると、それをしっかりと自分のものにしてできるようになるまでに、凄く時間がかかりました。

ただ、自分で言うのもなんですが、最初はうまくいかなくても、決して諦めないのが僕の持ち味ではないかと思います。

苦手なことをまず、徹底的にやる

毎日、どうやったらうまくできるようになるのかを考え、工夫して練習をする。時間はかかりますが、いつの間にか側転も逆立ちもできるようになりました。誰に問うわけでもないのですが、できないことに負けたくない。できないことで諦めたくない。

この気持ちは小さい頃からずっと僕のエネルギーです。それをなぜかと分析しても仕方がありませんが、一つだけ思い当たることがあります。

色々な習い事を始めると、必ずそこにはライバルがいました。

双子の姉です。

子供の頃はお互いを意識していたので、ライバル心は二人とも強かったです。

水泳は珍しく僕が初めから上手くできたスポーツでした。教室に通い始めてすぐに、周囲でもタイムが速い方になって、姉は僕に太刀打ちできなくなりました。すると、大人しいのですが、僕に劣らず負けず嫌いの姉は、小学校３年生くらいで教室に通うのを辞めてしまいました。

上級生の頃には、選手として大会に出ないか、と声をかけてもらえるレベルにまでなりました。ただ週末は野球の方が楽しかったので、僕が水泳の競技会に出ることはありませんでした。

ピアノの方は6年生まで習っていましたが、例によって最初はまったくうまくいきませんでした。姉の方が飲み込みも早く、最初は断然上手でした。

僕は、先生にいろいろと教えて頂いて言われた通りにするのですが、どうにも上手くいかないことが多かったです。それで、〈違うな〉〈これはちょっと自分に合わないな〉と思ったら、自分で練習の仕方や弾き方を変えてみる。

一番よくやったのは、左手だけの練習です。

僕は苦手なこと、嫌いなことはまず先に徹底的にやります。

ピアノは両手を同時に動かさなければなりませんが、右利きの僕はやはり左手がうまく使えないことが多い。そこで普通は左右を合わせる練習をすることが多いのですが、僕は弾けない曲が出てくると、とにかくまず苦手な左手だけで徹底的に弾くのです。

左の譜面だけを繰り返し、繰り返し練習して、それから右手にうつる。右手は早く弾けるようになるので、そこから左右を合わせて練習します。

そうやって工夫をしているうちに、弾けなかった曲がいつの間にか弾けるようになりました。

小学校6年生のときには、卒業記念で「鶴の恩返し」の演劇の伴奏をし、卒業式で森山直太朗さんの「さくら」を歌ったときには、その伴奏もしました。僕にとっては小学生時代の良い思い出の一つになりました。

筒香家の居間で姉と

飛び抜けてうまくないけれど、コツコツと続ける

和歌山ニューメッツに入団すると、練習のある毎週末に、父が車を運転してグラウンドへの送り迎えをしてくれました。

野球も決して最初から、飛び抜けてうまかったわけではありません。入団した頃は同じ学年の中でも特に目立った存在ではなく、野球をするのは楽しかったですが、チームに入ったことを少し後悔するような気持ちもなくはない感じでした。しかも入ってしばらくした頃に、ちょっと気持ちがめげてしまう事件もありました。

ニューメッツでの僕のポジションは内野手で、後にショートを守ることになるのですが、入ってすぐはサードを守っていました。ところが1か月か2か月経ったある日、試合でたまたま人がいなくて「筒香、ライトを守れ!」と言われて守備についたことがありました。

不慣れなポジションでしたが、フライを捕るのは苦手ではなかったので、最初はミスもなく守っていました。ところがちょっと痛烈なヒットがライト前で弾んで、それを捕ろうとしたとき、ボールがいきなりイレギュラーして鼻を直撃してしまったのです。

むちゃくちゃ鼻血が出て、レントゲン検査をした結果は鼻の骨折でした。

「硬式ボールは嫌だなあ」

あまり表面に出したりはしませんでしたが、いきなりこんなケガをしたために、しばらくは気持ちがめげかけていました。それでも腫れが引いて痛みもなくなると、野球がしたくなってうずうずしてしまい、結局、週末になると父の車に飛び乗ってグラウンドに通い続けたのです。

ニューメッツではそんな風に目立たない子供でしたが、平日は学校から帰ると、友達や父を相手にキャッチボールをしたり、ノックをしてもらってコツコツと練習を続けていました。

すると3年生になる頃には少しずつ周りの子供たちを追い抜き始めて、同じ学年の中では4番を打たせてもらうようになり、初めて上の学年の試合にも出してもらいました。

4年生の時には少しずつ上の学年のチームに入れるようになり、5年生で初めて正式に6年生のチームに入り、試合に出ました。ずば抜けて上手くはありませんでしたけれど、着実に上がっていく。

そんな子供でした。この頃から、「上手くなりたい」という気持ちは強く、少しずつできるようになる喜びは、僕が野球を続ける原動力でした。

和歌山ニューメッツは僕が6年生のときに、全国大会でベスト4にまで進む強豪になっていました。

兄の密かな計画

僕にとって大きな転機になったのは、小学校4年生のときに、10歳離れた兄が高校を卒業して大阪の大学に通うために、橋本の実家に帰ってきたことでした。

兄は早くから硬式で野球をしていて、高校は四国の尽誠学園高校に進学しました。10歳が離れていたので、子供の頃に兄と一緒に遊んだ記憶はほとんどありません。とにかく兄との記憶は野球のことばかりです。その中でも一番、覚えているのは、尽誠学園高校時代に、兄の試合を家族で観戦しに出かけた思い出です。

橋本の家を車で出て、フェリーに乗って香川に渡り、尽誠学園高校のグラウンドや香川県営球場で試合を観ました。

これは筒香家の行事みたいなもので、母も姉も一緒に、いつも4人で観に行っていました。球場に着くと、母と姉は買い物など、別の場所に出かけることが多かったです。もちろん、僕は父と一緒に兄の試合を観るのですが、ただ実をいうと僕は香川県営球場のうどんが大好きで、兄の野球を観るより、うどんを食べに行くことが何よりの楽しみでした。球場に着くと一直線にスタンド下のうどん屋さんに飛び込み、売店のおばちゃんが作ってくれた讃岐うどんをかっ込むのです。

それからようやくスタンドに陣取り、父と野球観戦が始まります。父の方を見ると、いつも父は真剣な眼差しで兄の姿を追いかけていました。

一つだけ強烈な記憶として残っているのは、兄が2年生の時に肘を痛めたことです。試合前の練習ではショートを守っていたのですが、兄はまともなスローイングができず、山なりのボールしか放れませんでした。

「なんやあいつ……あの投げ方は……」

兄の姿を観て、父がかなりショックを受けていたのが分かりました。

子供心にも、父の落胆が心に焼き付きました。

いつもは賑やかな帰りの車の中で、父はあまり口もきかずに、沈んだ様子でした。

それでも関西圏なら、兄のチームが練習試合で遠征する時にも観戦に行き、兄が3年生になり引退する前の夏の香川県予選まで、春、夏、秋と筒香家の行事は続きました。ほとんど毎週末出かけていたので、尽誠学園高校では室内練習場に行くと、遊びでバッティング練習をさせてもらったりするようになっていました。

高校を卒業した兄は、大阪の大学に進学し、しばらくすると野球を続けることは断念しました。大学から帰宅すると、僕に野球を教えてくれるようになったのです。この頃から、僕が野球の練習に出掛ける時の毎週末の送り迎えも、兄がしてくれるようになりました。
僕はまったく知らなかったのですが、帰ってきた兄の頭には、僕をプロ野球選手に育て上げるために、密かに練っていた計画があったようなのです。

証言　兄・裕史

「もともと野球を教えるのが好きでした。尽誠学園高校で野球をしているときに、1学年上にも2学年上にも、プロ野球のドラフトで指名された先輩がいました。そういう先輩方を見て、『ああ、これくらいの力があればプロ野球選手になれるんだ』と思ったのがきっかけでした。

ただ、僕自身はもう高校1年生でしたし、『いまからやってもムリだな』と分かっていました。それでも小さい頃からきちっと練習をすれば、ドラフトにかかるくらいの選手にはなれるんじゃないか、という思いはあった。そんなときに、ちょうど弟が野球をしていた。それなら、実験じゃないですけど、自分が弟をプロ野球選手に育ててみよう。そう思ったのがきっかけでした」

そんな兄の決意も知らずに、小学校4年生になった僕は、友達と野球以外の遊びをしたい気

和歌山ニューメッツ時代の勇姿。時にはマウンドに立つこともあった

持ちがいつも半分くらいあって、学校が終わると、家で待ち構えている兄から逃げ回ることもありました。

父が家の敷地に、雨でも練習ができるようにと、ビニールハウスでできた打撃練習場を作ってくれたのも、ちょうどこの頃です。

縦25メートル、横が8メートルほどのハウスは、近くのぶどう農家の方が建ててくれたそうです。その中に、知り合いのとび職の方が足場を組んでネットを張り、父が下に砂を入れました。

そして、アーム式のバッティングマシンをしつらえてくれたのです。

後に皆さんから〝筒香ドーム〟と呼ばれたハウスの完成です。

兄との練習も最初の頃は、その打撃練習場でバッティングをしたり、外で軽いノックやキャッチボールをしたりしました。

兄の練習で最初から特別だったのが、田んぼの中や崖のある坂道や、いろいろな場所でノックやキャッチボールをしたり、走ったりする練習です。

ランニングといえば山に分け入って、ほとんど獣道のようなところを走らされました。稲刈りが終わった秋から田植えで水を張るまでの間は、近くの田んぼに通って、兄がノックをします。足元がデコボコな中でゴロを捕り、フライを追いかけたりするのです。

田んぼの中でアメリカンフットボールのボールを投げたり、不規則に弾むボールを追いかけたりもしました。キャッチボールもすごい坂道の上と下とか、崖の下から上に投げたり、目の前の木の上を通して投げたりと、とにかく特殊な環境でいろいろなことをやらされました。あとは常に身体の反対側を使うのも、兄の練習の特長です。バッティングでも右と左と両方で打たされましたし、左手でボールを投げたりもしました。

証言　兄・裕史

「身体の一方ばかりを使っていると、当然、筋肉のつき方からバランスが偏り、持っている力をフルに発揮できなくなります。だから身体の両方をきちんと均等に使い、バランスを整える。

いろいろな環境で運動をさせたのは、体の調整能力を高めるためです。平らで整った環境でばかり運動をしていると、体がいざというときに反応できなかったり、とっさに危険を避ける能力がなかなか身につかないからです。だから、あえて足場が悪かったり、障害物があったりする環境で、毎日練習をさせました。

それに、子供は同じ練習ばかりを続けると必ず飽きて集中力が途切れてしまいますから、そのためにも遊びの感覚を取り入れながら練習をさせようと考えました」

当時の僕は、そういう意味など全然、分からなくて、ただ兄から言われるがままに練習していただけでした。いま振り返ると、あの時に兄が作ってくれたメニューはすごく理にかなった、効果のある練習だったんだなと思います。

たとえば、田んぼでの練習です。

不安定な場所でバランスをとりながらノックやアメフトをすることでバランス感覚がすごく養われた感じがします。今でも僕は足を引っ掛けたり、何かにつまずいたりしたときに、「危ない」と思ったら、勝手に力が抜けるというか、フワッと抜く感覚があります。

これは、子供の頃に培《つちか》ったものでした。

プロでも、そういう瞬間に思わず力を入れて踏ん張ろうとする選手は多いですよね。そうすると力が入って、関節や筋肉に余計な負荷がかかってしまいます。本当は逆に、そこでフワッと力を抜くことがコツなのです。だから見ていると、プロ野球の選手でもそういう感覚を持っておらず捻挫をよくするのは、やっぱり都会育ちが多いように思います。

僕はプレーの最中に捻挫などはあまりしない方ですし、バランス感覚も人よりはかなり良い方だと思います。

身体がその感覚を覚えている。これは兄の練習のお蔭です。

小学校4年生が転機だった

子供の頃を振り返ると、この小学校4年生という時期は、自分の野球人生の中で一つの転機だったかもしれません。

兄が和歌山に帰ってきて野球を教え始めてくれた。練習の拠点となったビニールハウスの打撃練習場が完成した。和歌山ニューメッツで、上級生のチームに入って試合に出始めるようになったのも、4年生のときでした。

そして一番、嬉しかったのは、初めて自分用の新しいグローブを買ってもらったことです。小学校4年生のクリスマスでした。

小学校2年生のときにニューメッツで本格的に野球を始めてから、使っていたのはずっと兄のお古。周りには真新しい自分用のグローブを買ってもらっている子もたくさんいました。プレーに不便を感じることはなかったですが、やっぱり〈新しい自分のグローブが欲しいなあ〉とずっと羨ましかったので、4年生のクリスマスを前に、サンタさんにお願いしました。

するとクリスマスの朝、枕元には真新しいグローブが置いてあったというわけです。

これはホントに嬉しかったのを覚えています。僕はその頃はニューメッツでショートを守っていたので、サンタさんはちゃんとSSKの井口資仁さんモデルのグローブをプレゼントしてくれました。それ以来、僕は井口さんの大ファンになりました。

当時の井口さんはメジャーリーグに行く前で、ダイエーのショートを守っていました。守備範囲も広く肩も強くて、三遊間のゴロを捕球したスローイングのボールが、一直線に一塁手のミットに吸い込まれるところに憧れていました。井口モデルのグローブを手にすると、まるで自分にそんな井口さんが乗り移ったようで、フィールディングもスローイングも急にうまくなったような気分になっていました。

小学校2年生頃から、テレビの野球中継もよく観ました。この頃はテレビの生中継を観るだけではなく、ビデオに録画して、好きな場面を何度も何度も繰り返して見返すのが寝る前の日課でした。4年生になると、兄との練習が始まったために、中継を生で見るより、録画して寝る前に観ることの方が多くなりました。

もちろん井口さんのプレーも繰り返して観ましたが、それ以上にビデオが擦り切れるほど再生して観た選手が2人います。

読売ジャイアンツの松井秀喜外野手と、大リーグ、サンフランシスコ・ジャイアンツのバリー・ボンズ外野手です。

野球好きの父は、有料のCS放送にも加入していました。おそらくそういう契約をしてくれたのだと思いますが、日本のプロ野球から大リーグ中継まで、ありとあらゆる試合を観ることができる環境が整っていました。

和歌山では、子供たちの間ではやはり阪神の人気が高かったので、阪神・巨人戦となると、翌日の学校でも試合の話題でみんなが盛り上がります。

でも、僕のお目当ては阪神ではなく、巨人の松井さんでした。僕にとって日本のホームランバッターと言えば、松井さん以外にはいなかったのです。

星稜高校時代の松井さんが、夏の甲子園大会で5打席連続敬遠された1992年、僕はまだ1歳にもなっていませんでした。ですから、僕が知っている松井さんは、プロ野球、巨人でホームランを連発していた背番号55番です。

小学校の2年生の頃でしたか、ゴジラと呼ばれてホームランを何本も打っている松井さんに興味を持ち、テレビで巨人戦を観ました。すると初めて観たその試合で、いきなりすごい飛距離のホームランを打ったのです。

「なんて凄いホームランを打つバッターなんだ！」

一発で虜《とりこ》になってしまいました。

それ以来、ナイターを観るなら巨人戦。ビデオに松井さんのホームランを何本も撮って、それを一生懸命に観るのが日課になっていきました。

そんな松井さん以上に、憧れたのはボンズです。ボンズのホームランは強烈で、「この人の方がもっとすごいじゃん！」と圧倒されてしまいました。

僕がボンズを知ったのは、シーズン最多本塁打の世界記録で注目された２００１年前後です。その頃はサンフランシスコ・ジャイアンツでプレーしていたので、テレビ中継するのは、僕が学校に行っている午前中からお昼くらいがほとんどでした。それを兄が毎日、ビデオで録画してくれていました。

学校から帰ると野球の練習をするので、夕ご飯を食べてからが、ボンズのビデオを観る時間でした。ホームランのシーンは、本当にビデオが擦り切れるくらいに繰り返し観ていました。

学校の教室の後ろの壁に自分の目標を張り出したときも、「ジャイアンツのバリー・ボンズになる」と書いていたぐらいです。

何が魅力だったのか。

すごいホームランを打つ。単純にそれだけでした。

後に薬物使用問題がクローズアップされることになったのは残念でしたが、僕にとってのヒーローは、やはりあの頃の彼なのです。

第2章　兄が導いてくれた道

中学3年生の夏、大阪府知事杯争奪北河内大会にて。手にしたバットが、ミズノの松井秀喜選手使用モデル

プロ野球選手になるという決意

小学校5年生になると、練習はいよいよ本格的になっていきました。

この頃は学校から帰ってくるのが午後4時前です。すると兄もすでに大学から帰って来ていて、当時は友だち4、5人と一緒に練習しました。学校からみんな一緒に僕の家に帰ってきます。それから8時くらいまで練習をし、僕の家で食事をしてからそれぞれの自宅に帰っていく。これが中学校に上がるまでの、月曜日から金曜日までの日常でした。

ただ、そうやって毎日続けていると、次第に一緒に練習していた友だちが来なくなってしまいました。やがて中学生になると、

〈勉強をしなくちゃいけない〉

〈もっと遊びたい〉

そんな理由で一人、また一人と練習に来る友だちが減っていきました。

最後まで僕と一緒に残ったのは、細野真輝くんというすごく真面目な友だちでした。中学生になると、一緒に堺ビッグボーイズに入団しました。中学校最後の1年間くらいは、毎日細野くんと2人で兄の指導を受けました。

当時の練習はそれまで同様、田んぼや坂道など特殊な場所を使っていました。それが終わるとビニールハウスのドームに戻り、最後にバッティングマシンで兄が球入れをしながら打撃練習をします。その頃には、バッティングならバットの出し方や角度に気を配ったり、より高度な野球の技術練習が中心になっていました。

夕方の6時すぎになると兄はアルバイトにでかけていたので、最後は細野くんと僕とで、一人がボールをセットして一人が打つ、という具合に交互に打ち続けました。

ほぼ毎日でしたから、正直、サボりたい、休みたいと思う日がなかったわけではありません。

「少し昼寝をしてからやるよ」

そんな日は兄にこう言って少しの時間だけ寝たりしましたが、結局、練習を始めてから中学を卒業するまでの5年間で、休んだのはお正月の他はほんの数日だけ。あとは暑い日も、寒い日も、雨の日も雪の日も休みなく練習を続けて、細野くんもほとんど付き合ってくれました。

彼はその後、京都の福知山成美高校に進学し、3年生のときには甲子園大会に出場しました。

僕が兄との練習について行けた理由の一つには、細野くんの存在があったと思います。休みがなくて辛くても、一緒に練習をする友だちがいたこと。彼の存在にずいぶん助けられていたな、といま振り返っても思います。

僕自身は、この頃にはプロ野球選手になることが、自分の中ではっきりとした目標になっていました。

そのことを兄に言ったのは、確か小学校5年生のときでした。

すると、僕をプロ野球選手に育てようと密かに思っていた兄は、こんな風に言いました。

「プロ野球選手というのは普通の職業じゃないし、誰にでもなれるものじゃないのは分かっているよな。だったら、普通にしていたらなれないよ。他の子たちと同じように友だちと遊んだり、楽しいことを追い求めていたんじゃ、なれない仕事なんだ。

そういう特別な仕事をしたいのだったら、自分のしたい他のこと、たとえば遊びたいとか、ここでやり切らずにちょっとだけ楽をしたいとか、そういう気持ちを我慢することも必要だよ。これからは、プロ野球選手になるという目標に向かってどれだけ努力できるか、それが大事になるぞ」

そこから、自分の中で練習に取り組む気持ちがかなり変わったように思います。

兄の勧めでビッグボーイズへ

兄と練習するようになると、父は野球に関して、僕に何も言わなくなりました。

小学校2年生のときに和歌山ニューメッツに入るように導いてくれたのは父でしたが、中学進学を控えて、新しいチームを探さなくてはならなくなったときに手助けをしてくれたのは兄でした。

所属していた和歌山ニューメッツは小学生のチームしかなかったので、６年生になると必然的に、中学校に進学したらどのチームに行くかを考えなくてはなりません。

「オレが一回、色々なチームを見てくるわ」

兄がこう言って、あちこちのチームを見学に行ったのは、僕が小学校６年生になった直後だったと思います。

地元の橋本の近くにもボーイズリーグのチームがいくつかありました。ニューメッツのチームメイトも、地元のチームに進む子がほとんどだったので、僕は特に考えることもなく、家の近くのチームに行くのかなと思っていました。

ところがしばらくして兄が探してきたのが、前にも触れた堺ビッグボーイズだったのです。

「色んなチームを見たけど、あそこがずば抜けていいわ！」

ちょっと興奮気味に、兄はビッグボーイズのことを話してくれました。

ただ、話を聞いてまず引っかかったのは、グラウンドが大阪府の河内長野市にあるということでした。

河内長野市は和歌山県との県境にあり、橋本市とも接していますが、車で通うとなると、山を越えて山間の道を走らなければなりません。自宅からグラウンドまでは、軽く1時間くらいはかかることになります。

「なんで河内長野まで通わなならんの。なんでそんなとこまでいくん？」

和歌山ニューメッツのグラウンドも遠くて、通うのに結構しんどい思いをしていました。それなのに中学生になってもまた、毎週末に早起きをして通わなければならないのか。それが真っ先に頭に浮かんだことだったのです。

ただ、野球に関して兄に逆らうことはできませんでした。

「もっと近くにチームはあるのになあ」

内心ではそう思って、いやいやという感じで兄の選んだチームに行くことを決めました。

しかし、それが、僕の野球人生を動かす大きな転機となったのです。

証言　兄・裕史

「きっかけは意外なことでした。知人に誘われて、武道家の宇城《うしろ》憲治先生のセミナーに参加したんです。そのセミナーに、堺ビッグボーイズの瀬野竜之介代表や、選手に身体の使い方などを指導している矢田接骨院の矢田修一先生がみえていた。いろいろとお話を聞いていて興味が湧いて、最初は何も言わずに練習を見学に行きました。

父が建ててくれたビニールハウス「筒香ドーム」で。真ん中が筒香。左が細野くん

練習を見て他のチームと違ったのは、身体を使えるようにするという目的で、独自の体操やトレーニングを取り入れていたことです。

キャッチボールやノック、打撃練習など通常の技術練習の前に、かなりの時間を割いて独特な体操を行なっていました。

両手の逆立ちや頭も支点に加えた三点倒立、座って両足を前に伸ばした状態で前進する〝お尻歩き〟、バーを使った体操やしゃがんで足首の関節を柔らかくする運動など、普通のアップとは違う動きを、時間をかけてしっかり行なっていたんです。

僕自身が、そういう練習に目を開かれる思いでした。それまではとにかく野球の練習を一生懸命やれば、技術は向上すると思っていました。でも、単純に野球の技術を教えるだけでなく、土台になる身体を作り、その動かし方を教えてくれるビッグボーイズの指導は、最終的には弟をプロ野球選手にするために一番必要なことだと思ったわけです。

すぐに『ここに入れよう』と決めていました」

橋本市立隅田中学校の入学式前の春休みに、僕は堺ビッグボーイズに入団しました。

中学校に入学した頃も、少し太り気味のぽっちゃり体型。身長は160センチくらいで、クラスでも整列すると前から4、5番目と小さい方でした。

どこにでもいる選手だった

小学生時代は和歌山ニューメッツで4番も打ち、全国大会に出させてもらうなど、それなりに野球に自信は持っていました。

最後の方は、チームの中で、どちらかといえば上手い方だったかもしれません。

ところがビッグボーイズに行くと、身体が小さかったこともあり、それこそ何をしてもチームの中で目立つような選手ではありませんでした。どこにでもいる、ごく普通の子供だったと思います。

プロ野球の世界でスーパースターになるような選手には、子供時代にも、他の子供たちを圧倒するような〝怪物伝説〟があるようです。

子供の中に一人、大人が混じっているような特別な存在感とでも言うのでしょうか。実際、そういう選手は少年野球のチームに必ず1人か2人はいるものです。

しかし、僕はまったくそういう子供ではありませんでした。

プロの世界に入って取材を受けると、怪物伝説を期待する記者の方から、子供時代の思い出を聞かれることが多いです。しかし正直言って、僕にはそういうエピソードは一つもありません。取材している人ががっかりするぐらいに、そこらへんにいくらでもいる普通の子供だったのです。

しかも、中学校2年生頃から急激に身長が伸び出し、1年間で20センチ近く背が伸びました。すると今度は膝を始め身体のいろいろなところが痛む、いわゆる「成長痛」の症状が出始めてしまったのです。

中学校2年生の9月に新チームが結成されましたが、その少し前からグラウンドには行っても、痛みで練習を休まなければならない日がたびたびありました。秋口から冬場にかけては痛みが本格的に出始め、ほとんど野球の練習ができない日が続くようになってしまいました。

「どうや？　まだ痛いんか？」

練習に行くと、ビッグボーイズ代表の瀬野さんからこう聞かれます。

「まだちょっと……」

「ならムリせんと、外野で体操でもしとき。放牧や。おっきくなるためには、牛や馬でも放牧してのんびり草を食べている期間が必要なんや」

こう言われて、みんなとは離れて外野に行きます。

〈いいなあ……〉

そこからみんながバッティング練習をしているのを見ていると、とにかく羨ましくて仕方がありませんでした。

夏の暑い日にみんなが室内練習場で練習をしているのを、外からずっと見ていたこともあります。みんなが滝のような汗を流しながらバッティング練習をしている。室内練習場だから、金属バットの打球音がものすごく響いて聞こえる。

その音を聞きながら、練習場の外からただただみんなの汗をじっと見つめている何もできない自分が、本当に悔しかった。あの時の光景は忘れることができないですね。

大人になった今でも、ずっと頭に残っています。

でも、後になって振り返ると、この期間の体験は僕にとって大きな財産になったのです。

成長痛をきっかけに体操に取り組む

とにかく野球がしたかった。一日でも早く練習を再開したかった。

そんな日が半年近くも続いたのです。

それでもチームを辞めようと思ったことは一度もありませんでした。

この頃、兄は堺ビッグボーイズで1年生チームのコーチになっていて、グラウンドの端から、そんな僕の姿を見ていました。

「今は無理をする時じゃないよ」

兄はそう言って、我慢するようにいつも言いました。ただ、この時にもう一つ、兄から言われたことがあります。それは、この時間をどう野球のために使うか、ということでした。

「痛みが出る前よりも野球がうまくなるためには、どうしたらいいかを考えとけよ」

毎週、家から練習に行く車の中で、兄はずっとそう言い続けました。

「練習ができなくても、野球が上手くなるためにできることは何だろう？」

兄が僕に何かを求める時、いつも答えは言ってくれません。

たとえば、バッティングでバットを立てて打った方がいいのか、それとも寝かせ気味に振った方がいいのか、という話をしたことがありました。その時も実際に自分で2つのスイングをやってみせながら、兄は僕に聞いてきます。

「こっちの打ち方とこっちの打ち方だったら、どっちの方が自分は打てると思う？」

もちろん立てた方がバットは最短で出てきます。それが答えなのですが、兄は答えを簡単には教えてくれず、「どう思う？」とまず考えさせるのです。考えさせずに答えを指示したり、強制したりすることは絶対にありませんでした。

だから僕は自分でバットを立てて振ったり、寝かせて振ったりといろいろ試して、なぜそうなるのかを一生懸命考え、「やっぱり立てた方がいいと思うんやけど」と翌日になって、自分なりの結論を言います。

「そやろ」

すると兄は納得した表情で、それじゃあ、そのための練習はこうしたらどうか、と指示してくれるのです。

この時もそうでした。

身体のあちこちが痛くて練習ができなくても、練習を再開できるようになった時には、前よりも野球が上手くなっていることが目標です。

そのためにできることは一体何なのか？

そこで僕が考えたのが、前述の矢田先生の体操に真剣に取り組むことでした。

正直に言うと、堺ビッグボーイズで矢田先生の体操を教わり始めた当初は、効果があまり分からなくて、ただ言われたままにするという感じでした。

ところが、練習ができなくなった時に、考えながら取り組むようになると、一つ一つの運動の意味や目的が、おぼろげながら分かるようになってきていたのです。そうなると、野球の練習ができない間に野球が上手くなるためにすべきこと、の答えは一つでした。

体操といっても、することは様々です。

お尻歩きや寝ながら横に回転する運動、バーを使ってする体操から、バランスボードやトランポリンを使った運動まで。体のそれぞれの機能をバランスよく引き出し、使いこなせるようにするための運動、とでも言えばいいのでしょうか。

中には、なかなかうまくできない運動がいくつかありました。

たとえば、バランスボードに乗りながらお手玉をするメニューがあるのですが、最初はどうにも苦手でした。

なぜ自分はできないのか？

そこから考えて、バランスの取り方はもちろん、お手玉をするときの前後左右の体重のかけ方、手の動かし方、そういうことを一つずつ考えながら練習を繰り返しました。2週間ほどすると、だんだんとできるようになってきました。

この時期は、練習に行けば矢田先生の体操ばかりしていました。みんなが打撃練習をしている間に2時間、3時間、家でも毎日、欠かさずに続けました。

その後野球の練習を再開できるようになっても、バッティング練習をしない日はあっても、この体操だけは毎日、欠かしたことがありません。

この習慣は、プロになった現在まで続いています。朝起きてシャワーを浴びたら、食事の前に必ず矢田先生の体操をします。

倒立やブリッジ、側転など器具を使わないものから、バーを使った運動やバランスボードを使った体操などを合わせると、全部で20種目くらいです。その日の状態によって2時間くらいかかるときもありますし、30分ほどで終わることもある。

それから食事をして球場に行くのですが、球場での練習の前後に、不足しているなと感じた運動をまたして、シートノックが終わった試合前にもブリッジなどを10分くらいします。試合後に重心がずれているな、と感じたら重心をリセットする運動をします。片手の側転などの回転運動は重心をリセットできるので、やってから帰宅します。

1回の時間は昔に比べると少なくなりましたが、種目は逆に増えているかもしれません。成長痛で野球の練習ができなかったこの時期に、自分の頭で考え、一生続けられる習慣を身に付けることができた。それは大きな成果でした。

本気スイッチを入れた瞬間

堺ビッグボーイズに入団してからも、平日には兄との練習がずっと続きました。

その頃の僕は、とにかく遠くに飛ばしたいという思いだけでしたから、兄から一番多く受けた指導はバッティングのことでした。

遠くに飛ばすためには、とにかく思い切りバットを振ること。まず言われたのはそのことです。同時に単にティーや打撃マシンでボールを打つだけでなく、細かい技術練習もいろいろとしました。

たとえば、身体の軸をしっかり意識するために、トランポリンを跳んでから着地したところでティーを打つ練習をしました。この練習では、一番身体がバランスよく立てる体勢で着地しようとするわけです。

バットの角度を覚えるために、ティーに置いたボールを小さな穴めがけて打つ練習もしました。兄は横から投げるトスバッティングは絶対にしません。トスバッティングをする時は、必ず前方からボールをトスしました。しかし、基本はティーの上にボールを置いた置きティーです。軟式ボールやテニスボールを打ち、硬式ボールとの感覚の違いを覚える練習もしました。

当時は、ただ単に楽しくて練習していただけでした。でも、振り返ってみると、こうした練習を繰り返すことで、バッティングでもフィールディングでも通用する身体の芯が作られていったのだと思います。

「そろそろ試合でも本気で行かなあかんよ」

兄からこうハッパをかけられたのは、中学3年生になる直前の2月、岡山遠征の前日でした。

急激に伸び始めた身長は、2年生の1月くらいまでには180センチを超えて、成長痛もようやく治まってきていました。ただ、兄は慎重で、痛みがなくなってからも２週間くらいは本格的な練習はさせてくれず、相変わらず体操に明け暮れる日が続きました。そうしてようやく本格的な練習を再開して２週間ほど経過した頃に、この岡山への遠征があったのです。

それまで、兄は練習では厳しかったですが、

「試合は楽しくやればいいよ」

と言うのが常で、試合で打てなくても何か言われることはありませんでした。

ただ、そういう風に言っていたときでも、いずれ試合で練習の成果を試さなければならない時が来るから、その時には練習でしているようなスイングを試合でも出せるようにしなければいけない、とは言われていました。

「夏からは気合を入れて行かないかんから、そのためにもそろそろ、本気で試合に取り組んでいこう」

いよいよそう言われたのが、岡山遠征の前日だったのです。僕もその夜は、スイッチが入った気分でした。それで、その大会からバットを替えることにしました。

当時はすでに廃版になり、市販されていないミズノの旧モデルで、松井秀喜さんが星稜高校時代に使っていたのと同じバットを小学生の時に兄からもらって、大事な時のために、ずっと家にしまってありました。

そのバットを、岡山遠征でおろして使い始めたのです。

「本気で行くぞ！」と兄の前で誓った印でした。

そうしたら、いきなりそのバットでホームランを打ったのです。右中間に打った感触は今でも覚えています。自分の気持ちと結果がぴったりと合った、最高の瞬間でした。

「あそこから急に打ち出して、びっくりした」

後にビッグボーイズ代表の瀬野さんはそう言いましたが、僕の感覚は少し違います。

「よし、ここから行くぞ！」

と決意したのは偶然ではなく、必然でした。こうしてスイッチが入ると、それまで貯めていたエネルギーが爆発したかのように、打撃は好調になりました。

3年生の春には全国大会まで進み、ホームランも打ちました。夏は地区大会の決勝で負けて全国大会には進めませんでしたが、それでもその年の8月に行われた世界大会では、関西選抜チームの代表に選ばれて4番も打たせてもらいました。

中学3年生は、野球をやっていて一番、楽しかった時代でした。

運命の試合を甲子園で見る

僕がすっかり横浜高校のファンになってしまったのは、小学校1年生の時でした。甲子園球場で、横浜高校がエースの松坂大輔さんを擁し、PL学園に延長17回の末に勝った試合を見たのです。

父に連れられて甲子園球場に着くと、阪神甲子園駅を降りた球場までの道は、地元大阪のPL学園の試合ということもあり、すでに人で溢れていました。チケットもPL学園の一塁側の方から売れていて、父が買ってくれたのは横浜ベンチのある三塁側寄りのバックネット裏の席でした。

そこから、あのすごい試合を観戦しました。

球場に着くまでは、特に横浜のファンというわけではありませんでしたし、どちらかというと野球の名門校でもあり、学校のある富田林は家から近いということもあって、PL学園を応援したい気持ちはあったかもしれません。

しかし松坂さんのピッチングは、スタンドにも気迫が伝わってくるような、もの凄い内容でした。家に帰ってもずっと興奮していて、夜もなかなか眠れなかったのを覚えています。とにかく感激して、興奮して……。僕がすっかり横浜高校のファンになってしまったのは、やはり松坂さんの影響が大きかったです。

その後も、横浜高校が甲子園大会に出場するたびに、甲子園球場に行って試合を観ていたのですが、松坂さん以上にインパクトのある選手は僕にはいませんでした。ただ、試合を観るにつけ、僕の中ではもう一つ、「横浜高校がいいなあ」と思う理由がありました。

それは、あのユニフォームです。薄いグレーの地にローマ字で「YOKOHAMA」と書かれたシンプルなスタイルに肩のワッペンもかっこいい。帽子の赤い「YH」のエンブレムにも憧れていました。

「高校生になったら、あのユニフォームを着て野球をしたい」

松坂さんの強烈なピッチングの残像とともに、いつしか僕の心にはそんな思いが膨らんでいったのです。

「横浜高校に進学して、野球がしたいです」

僕がこう話すと、堺ビッグボーイズ代表の瀬野さんは、最初は反対しました。

証言　堺ビッグボーイズ・瀬野竜之介代表

「おっとりした優しい子で、人を蹴落としてでも自分が、という性格とは思えなかったので、横浜高校みたいな競争の激しい高校はどうかな、という思いがあり、反対しました。

中学校3年生の時に世界大会の代表にも選ばれ、『ウチでどうですか?』と声を掛けてくれた高校もいくつかありました。そういう学校も含めて、もちろん僕なりに『ここの高校は

『どうやろ。あいつに合うんちゃうか』と考えていた高校は、近辺にいくつかありました」

しかし、最終的に自分の意志を貫き、念願だった横浜高校への入学が決まりました。

当時の横浜高校野球部は渡辺元智監督、小倉清一郎部長の体制でした。

渡辺監督は入学当初、僕のバッティングを見てこう言いました。

「1年生から4番を打たせるから！」

横浜高校で最初に4番を打ったのは、入学して1週間後にあった春の神奈川県大会の1回戦でした。それから夏の大会でも4番を任されて、県予選の初戦（神田戦）では4回にライトへの2ランホームランを打ちました。

もやもやを抱えていた下級生時代

こうして1年生でいきなり4番を打たせてもらって、最初は正直、嬉しい気持ちがなかったといえば嘘になります。しかし、夏の大会が始まる頃には、試合のたびに気分が重く、できれば出たくないな、と思うようになっていました。

高校で野球をやっている選手にとって、甲子園大会は最大の目標かもしれません。特に3年生にとっては、最後のチャンスですし、そこを目標に3年間、懸命に練習に耐えてきたという思いもあるでしょう。それなのに1年生の僕がいきなり4番に座って先発する。僕の代わりにポジションを外され、ベンチに入れなくなった3年生もいます。

「調子にのってんじゃねえぞ」

「分かっているだろうな。エラーしたら承知しねえからな」

そう言ってプレッシャーをかけてくる先輩もいました。横浜高校には関西から入部して来た生徒はほとんどいなかったので、先輩との受け答えで思わず関西弁が出ると、「関西弁使ってんじゃねえよ！」と手を出されたこともありました。

ただ試合で打席に立つと、とにかく1打席もおろそかにしないで、自分の目指しているバッティングをしようと思っていました。

その結果、1年生の夏の初戦でホームランを打てた。そういう風に結果が出たことは、嬉しかったです。ただ、そうやって打つと話題になる。するとまたいろいろと気を使わなければならない。そういうもやもやしたものをずっと抱えていて、とにかく下級生の時は、試合には出たくない気持ちが強かったです。

1年生の夏は、想像もできないような出来事で終わりました。

予選となる神奈川大会準決勝の東海大相模戦で、相手の先発は、今は巨人のエースとなった菅野智之さんでした。３点を先制された４回２死一、三塁から、打席の菅野さんのハーフスイングが空振りと判定されました。それで三振で終わったと思ったのですが、その投球をワンバウンド捕球した横浜のキャッチャーが菅野さんにタッチをせずにベンチに戻り、僕も三塁の守備位置から気づかずにベンチに帰って来ました。

ベンチに戻ると、東海大相模の走者が次々とダイヤモンドを回って本塁に生還して来ます。バッターだった菅野さんもベースを一周してホームに帰ってきてしまいました。何が起こっているのかわからないで「何で走っているんだ？」と思っていたら、審判が集まって協議しだして、３点を認めますという放送がありました。

空振り三振しても投球がバウンドしたら、打者にタッチするか一塁に送球してベースを踏まない限りアウトは成立しない。その野球のルールを忘れていた、僕たちのミスでした。

結局、この回に３点を追加されて、横浜高校は６点差を追いかけることになったのですが、追撃も４点まで。これで甲子園への道は絶たれてしまうことになりました。

「当たり前のことを当たり前にするのが一番、難しいということだ。これからはそれを丁寧にやっていこう」

試合後に渡辺監督が仰った言葉は、その後の自分の中で強く残っています。高校に入って最初の夏でした。

「3年生の先輩たちはこれで終わるのか……自分だったら寂しいし、こんな終わり方は嫌だな」

そんな寒々しい思いだけが残ったのを覚えています。

長い3年間だった

2年生の春の選抜大会が初めての甲子園の舞台でしたが、初戦で北大津に2対6で負けてあっさり終わりました。

2年の夏は順調に神奈川大会を勝ち抜き、甲子園へと駒を進めました。

初戦の浦和学院戦で、僕は2回に先制2ランをライトスタンドに打っています。神奈川大会ではあまり調子が出ずに、この試合も「7番・一塁」での出場でしたが、甲子園球場の雰囲気で一気にまたスイッチが入った感じでした。

準々決勝の聖光学院戦では5回に左翼に2ランを放つと、6回には満塁で右翼ポール際に2打席連続本塁打をマークしています。この試合では、7回の打席でもタイムリー二塁打で2打点を挙げ、1試合8打点の大会記録を樹立しました。

ただ、このときも正直、自分では試合にあまり出たくない気持ちが心の底に重くありました。

横浜高校に入っても、僕は甲子園を目指すというよりは、ずっとプロに入るためにはどうしたらいいのか、そのために今どういうことをすべきなのか、そのことばかりを考えていました。何が何でも甲子園というより、〈プロ野球選手になりたい〉〈バリー・ボンズのような選手になりたい〉という意識の方がずっと強かったのです。

もちろん試合になれば、チームが勝つために全力を振り絞っていましたし、負ければ悔しさもありました。

でも、甲子園に行きたくて勝ちたいとか、行けなくなって悔しいとか、そういう気持ちはあまりなかった。もっと純粋に野球の試合で勝つ喜び、その中で自分が思っているバッティングができた満足感、試合に負けた悔しさ、自分のバッティングがうまくできなかった不満、日々向き合っているのはそういう感情でした。

野球をやっていて、いつも自分の心の根底にあったのは、とにかく野球がうまくなりたいという気持ちだけだったのです。

3年生の夏は、神奈川大会の準々決勝で横浜隼人高校に敗れて、僕の高校野球は終わりました。

最後の試合ではチャンスで敬遠されて冷静さを失ったり、勝負を焦って失策をしたり、野球選手として学ばせてもらうことが多くありました。最上級生となって主将も任され、チームに対する責任を感じながら、試合では懸命にプレーしました。

負けた瞬間、悔しさが溢れましたが、その一方、意外と冷めた自分がいたのを覚えています。

「終わったな」

長い3年間でした。

どこか冷めていた甲子園

振り返ると、横浜高校で教わった技術レベルはかなり高かったと思います。

「真っ直ぐを待って変化球を打てるようになれ」

高校に入学してすぐに、小倉部長から言われた言葉です。

普通の高校野球のレベルでは、ストレート、変化球を待って変化球を打つバッターが多いと思います。バッターの究極は、ストレートのタイミングで待って、どんな球にも対応できることですが、それを横浜高校では1年生から求められるのです。

最初はできなくて、どうやって間を作るのかを研究しました。色々と試しているうちに、真っ直ぐから一つ遅れてくる変化球との間を、左肘の使い方を工夫することで、取れるようになりました。その感覚は今でも一緒です。

「野球人である前に一人の社会人として、一人の人間としてしっかり成長しろ。野球がうまいか下手か、そんなのはどうでもいい」

渡辺監督には、ずっとそう言われました。

このように、小倉部長には技術的なことを、渡辺監督からは野球人として大切なことを、教えて頂きました。子供の頃から兄に教わり、築き上げて来たものに、普遍性を与えられた。

それが横浜高校時代だったと思います。

ただ、高校野球の３年間が終わった瞬間に、僕の中では、どこか冷めた感情があったのも事実でした。それは世の中の人々が抱いているほどに、僕の中では甲子園大会に出場することに対して、特別な感情がなかったからかもしれません。

３年生の夏が終わって寂しかったのは、負けたことではありませんでした。それまで一緒にやってきた仲間と、もう野球ができない。僕にとって高校野球の終わりは、その惜別感だけでした。

勝ち負けとは何だろう、野球がうまくなるとは何だろう、プロを目指すために本当に必要なこととは何だろう。そんなことを考え続けた高校時代でした。

第3章

バッティングに悩み続けた頃

2012年3月のキャンプで、横浜DeNAベイスターズにチーム名が変わり、クリーンナップ定着を目指していた頃

横浜ベイスターズへ

高校3年生の甲子園大会が終わってしばらくすると、横浜高校野球部の渡辺元智監督に呼ばれ、改めて進路の希望を聞かれました。

「プロに行ってやりたいです」

僕がそう答えると、渡辺監督も大きくうなずいて、こう言って下さいました。

「俺もプロに行った方がいいと思うから頑張れ」

自分の中では〈やっとそのときがきた〉という気持ちでした。

「普通にやっていたのでは、プロ野球選手にはなれない」

小学生のときに兄から聞いたその言葉を胸に、横浜高校の3年間も努力をしてきたつもりです。

夏の神奈川大会で負けても、疲れをとるために1日か2日休養した記憶はありますが、すぐに練習は再開しました。

この頃は普段もプロ入りに備えて木製のバットでも練習していましたが、夏の大会が終わった後の打撃練習は、木製バットで打ち込みを行うのが日課となりました。

プロ志望届を提出すると、スカウトの方との面談が始まります。その結果、漠然と〈日本ハムがいいかなあ〉と思ったりしてはいましたが、指名された球団がどこであってもプロ野球に進もう――そう心は決まっていました。

２００９年10月29日のドラフト会議。

僕は横浜ベイスターズから単独で1位指名を受けました。

高校の3年間を過ごした神奈川県は、僕にとっては第2の故郷のようなところです。8月に高校野球が終わった後には、渡辺監督から横浜スタジアムのチケットを頂き、横浜ベイスターズの試合をよく観戦に行っていました。また時間があると、横浜高校から近かった横須賀の2軍の施設に行き、プロの練習を見学したこともありました。そういう意味では馴染みもあり、愛着のあるチームだったのです。

指名された瞬間に、プロにいくことは決めていました。

当時の横浜ベイスターズはバッターでは村田修一さんや内川聖一さんが主軸を務めていました。たまに球場で練習を観させていただいたときにも、本当にプロのレベルの高さを実感して、観るたびに「自分もこんな選手みたいになれるのかな」と思ったものです。

ただ、その一方で、当時はいつもBクラスで最下位争いを演じていて「ちょっと弱いかな」

というのが正直なイメージでした。

1軍3試合目で初ホームラン

プロ入り初のシーズンは、キャンプの途中から1軍に呼ばれ、そのままオープン戦まで1軍に帯同して過ごしました。しかし、1軍の投手はやっぱり真っ直ぐの切れ、変化球の曲がりも全然違い、最初はまったく打てませんでした。

「すべてが高校野球とは違う」

当たり前と言えば当たり前ですが、それが実感でした。

結局、その年は開幕直前に再びファームに戻り、僕のプロ生活は2軍からスタートを切ることになります。

当時の2軍は田代富雄監督、打撃担当は鈴木尚典コーチでした。ファームでは4番を打たせてもらいましたが、最初はなかなか結果が出ませんでした。

そんな中でも田代監督、鈴木打撃コーチは、ほとんど僕の打撃フォームをいじらずに見守って下さいました。

自分で最初にしたのは、無駄な動きを削ぎ落としていく作業です。プロ入り当初はバットのヘッドが投手方向に入り過ぎていたので、まずヘッドを立てて、スムースにトップが作れるようにしました。

これまでしてきたように、自分で考え、いろいろと試して新しい形にたどり着いていく作業です。だから、なぜそうなったのか、自分で理解できています。

そうして少しずつバッティングをシンプルにすることによって、ホームランも出るようになりました。今までファウルになっていた打球が切れなくなったのが理由だったと思います。

6月くらいからは、2軍の投手なら対応して打てるようになっていき、夏場には言葉は悪いですが、ファームなら何とかなるというくらいの自信を持つようになっていました。その結果、1年目は2軍で26本塁打を打って88打点をマーク。本塁打と打点のタイトルを手にすることができました。

公式戦で初めて1軍に呼ばれたのは、シーズンも終盤の10月になってからです。

10月5日に横浜スタジアムで行われた巨人戦が、僕の1軍デビューでした。

「5番・一塁」で先発して、結果は3打数無安打。巨人の先発は右投げの朝井秀樹さん。実は朝井さんとはファームで何度も対戦していました。結果は無安打でしたが、それほど特別感もなく緊張もしないで打席に立てたというのが、プロ初打席の実感でした。

その巨人戦から2日後の阪神戦で、プロ初安打をホームランで記録しましたが、こちらは鮮明に記憶に残っています。

「ホームランだけ狙っていけ」

その日はシーズン最終戦で、試合前からピッチャーの三浦大輔さんと4番の村田修一さんに、こうハッパをかけられて打席に立ちました。打ったのは7回の第3打席。マウンドは右腕の久保田智之さんです。

「真っ直ぐとフォークだけだから、どっちか決めて思い切っていけ！」

打席に入る前に村田さんにこう言われ、真っ直ぐ一本に絞って打席に入った初球です。打球がライトスタンドに飛び込むのを見届けて、ちょっと背筋をゾクゾクするものが走りました。たまたま打ったホームランでしたが、やっぱり素直に嬉しかった。ベースをどう回ったのか、あまり覚えていませんが、最後にホームプレートを踏みしめた感触だけは、今でもはっきりと覚えています。

こうして1軍3試合目で初本塁打を打てましたが、実はこの頃は不安ばかりが渦巻いていました。ホームランを打った阪神戦の前日、そこで見た巨人の山口鉄也さんのスライダーは凄かったです。スライダーと言えば、2年目のオープン戦で対戦した福岡ソフトバンクホークスの杉内俊哉さんのスライダーも強烈な印象として残っています。

投げた瞬間に「当たる」と思ったボールが、曲がってストライクになる。

「こんなスライダー、どうやって打てばいいんだろう」

改めて1軍と2軍の違いを実感した瞬間です。これから1軍でやっていくのは大変だ、と思うと同時に、今のままではやっぱりダメだなというのが本音でした。不安ばかりが膨らんでいきますが、まだその年は自分でも何をどうしたらいいのかも分からないような状態です。

1年目のオフは寮で練習して、後で振り返ってみると何もせずに終わったという感じでした。

1軍と2軍でまったく違う指導に悩む

2年目のシーズンも、開幕は2軍で迎えました。この年は2軍監督が田代監督から白井一幸監督に替わったのですが、白井監督の独特のスイング練習が合わずに、右手首の靭帯を痛めて5月から3か月ほど試合に出られない期間が続きました。

それでも戦列に復帰すると、ファームではホームランも順調に出て、バッティングの調子は悪くなく、8月に2度目の1軍昇格を果たすことになりました。

プロ入りしてから僕が一番、悩んだのは2軍でコーチとコミュニケーションをとって練習していても、1軍に行くとまったく違うことをさせられることがしばしばあったことでした。

ケガから復帰すると、ファームの白井監督からは「自分のポイントに引きつけて強く振れ」

と言われて練習を続けてきました。たまに試合で体が前に出て振ってしまうと「泳いでいるのでしっかり引き付けろ」と注意を受けていました。ところが、1軍に上がるとまったく逆のことを言われてしまうのです。

「もっと前で打て、前で！」

1軍に上がった途端に、あるコーチからはこう言われました。前でさばいて飛ばせ、ということで、2軍で白井監督から言われた「しっかり引き付けろ」とはまったく逆の打ち方です。

しかも、こう言われたのが1軍に上がって初めての練習で、まだ試合にも出ていない段階でした。実戦を何も見ていないのに、そういう風に言われる。

「エッ、もう言われるのか……」

戸惑いばかりが心の中を渦巻きます。

自分としてはファームで練習していた打ち方がしっくりきていたので、そういう打ち方に戻すと、

「できないのならファームに落とすぞ」

と言われます。せっかく1軍に上げてもらったばかりだったので、そう言われるとバッティングを変えざるを得ない。その結果、どんどん自分のバッティングを見失ってしまったのです。

この年は１軍で１試合５三振のプロ野球タイ記録を作っています。

10月18日の中日戦。中日の優勝マジックが１となって迎えた試合でした。４つ三振して、最後の５打席目は９回の２アウトからでした。僕は岩瀬仁紀さんのスライダーを空振りして５つめの三振を喫しました。その瞬間にグラウンドは優勝の胴上げが始まり大騒ぎになったので、ショックも吹き飛んだ感じでしたが、本当に焦ったのは、翌日の阪神戦の第１打席で三振したときです。

第１打席でサウスポーの岩田稔さんにやはり空振りの三振を喫します。

その瞬間、本当に自分が追い込まれた感じになりました。幸いにも第２打席で何とかバットにボールを当てて一塁ゴロに倒れましたが、正直言ってその瞬間はヒットを打ったときより嬉しかったです。

「これ、やばいな」

こんな状態になった一番の理由は、もちろん僕のバッティングの未熟さです。

この年の自分を振り返ってみると、いろんな人からいろんなアドバイスや、言葉は悪いですが強制を受けて、自分自身を見失ってしまっていました。

結局、この年はシーズンを終わったあとに、何も残っていなかったという感じでした。

アメリカでのトレーニングでつかんだ確信

入団2年目のオフから、僕は自分自身を変えていくためにアメリカでトレーニングを始めました。米・ロサンゼルスのLAギャラクシーというサッカーチームの施設内にある「アスリート・パフォーマンス」というジムが拠点でした。

この年は12月になるとすぐに2週間、みっちり体作りをやっています。最終的にはそれから5年くらい毎オフ通って、2年目からは12月のほぼ1か月をここでのトレーニングに充てていました。

基本的には体幹系とスピード系のトレーニングです。

5年間通った最後の方はかなり重いウエイトを持たせてもらいましたが、1年目はほとんど自体重で、ウエイトはほとんど持たせてもらえませんでした。内容としては、午前中は「アスリート・パフォーマンス」のグラウンドを走ったり、自分の体重を使った牽引だとかメディシンボールのトレーニングなどが中心になります。午後は場所を移動してバッティング練習を2時間くらいやって、その後再び施設に戻ってウエイトトレーニングを2時間ほどこなします。

日本ではずっと行き詰まっていて、精神的にも閉塞感というか、もどかしさに包まれていた頃でした。少しでも良いと思えることに挑戦して、１ミリでも前に進みたい。成長したい。そんな思いでした。

施設には二十歳前後の大学生や、ルーキーリーグや１Ａ、２Ａの若手選手がトレーニングに来ています。

午後にバッティング練習をしにいくと、そこでも彼らと一緒になることが多く、彼らの練習をじっくり観察する機会を得ることができました。

僕はプロに入っても、兄と練習してきた置きティーや正面からトスしてもらって打つ正面トスバッティングが練習の基本でした。ただ、当時はほとんどの選手が横からトスしてもらったボールを打つトスバッティングが主流だったのです。

プロに入ってからの練習で、僕が置きティーや正面トスバッティングをしていると、たいていのコーチから、「なんやこの練習は？」と怪訝な目で見られ、横からのトス打撃をするように注意を受けることが度々ありました。

しかし、ここで練習をしているアメリカの若い選手たちは、置きティーや正面からのトスバッティングをしています。しかも、きっちりとポイントを近くに置いて、右打者なら右方向、左打者なら左方向と、いわゆる「逆方向」に打っていました。

フルスイングしようとすると、普通、右打者の打球は左方向へ、左打者の場合は右方向へ飛んで行きます。これを引っ張って打つ、と言いますが、逆方向に打つとは、そのように引っ張った時とは反対側へ打つ、という意味です。

逆方向を意識したバッティングに目覚めたのは、小学校時代の兄の指導がきっかけでした。

練習をしていてバットが出てこなくて、

「打ち方はどうでもいいから、綺麗なホームランを打つにはどうしたらいいか、考えてやってみ」

と兄に言われたことがあります。

自分で考えるのですが、飛ばそうとすると、ライトに打ちたいからどんどん身体が開いて余計にバットが出てきません。そんなときにバリー・ボンズの映像を観ていて、左打者のボンズがライトばかりではなくて、レフトやセンターにもホームランを打つよな、と思ったのがきっかけでした。

翌日のバッティング練習で兄にその話をすると、

「それじゃあ、センターに向けて打ってみよう」

と言われました。そうすると、身体が開かずに投手の側に壁ができてボールもよく見えました。突っ込まずにインサイドからバットがすっと出てきれいな打球がいくようになったのです。

小学校4年生のときでした。

逆方向に打つことの利点としては、そういうテクニカルな部分以外でも、いろいろな効果はあると思います。

逆方向にしっかり打つとは、いわゆる当てて流す感覚とは少し違って、しっかりと厚いインパクトを作って打ち返す作業です。そうやってボールを呼び込みながら捉える感覚を磨くことは、引っ張って打球を打つことにもつながっていきます。

日本の野球の右打者のいわゆる〝右打ち〟は、手先でバットの面を操作してボールを反対方向に打ち返すイメージになりがちです。そうではなくて、フィールドを45度ではなく90度使えるバッティングを身につけるために、逆方向に打球をしっかり打てる技術は絶対に必要なのです。

今では外国人選手を中心に、日本でも置きティーで練習をする選手は増えてきています。メジャーリーグを目指す若者が集まる「アスリート・パフォーマンス」では、当時からみんながそういう練習を当たり前のようにやっていました。それを見て、僕は改めて自分がやろうとしていることは正しいんだ、と感じました。

このトレーニングでは、1年目から肉体もだいぶ変わりました。体重自体はそれほど変わりませんし、目に見える部分の筋肉が大きくなったということもほぼありません。ただ、身体の芯の筋肉がついた感じを実感しましたし、3年目のトレーニングが終わったころからは、はっきりと身体に軸が1本通った、という感覚が出て来ました。

レフトへのコンバートで外野の守備に目覚める

3年目の2012年は、チーム名が「横浜DeNAベイスターズ」となり、監督に中畑清さんが就任して、チームが新しいスタートを切った年でした。

僕自身も、この年から巨人に移籍した村田修一さんがつけていた背番号25番をつけさせていただき、新たなスタートを切ったシーズンでもありました。

キャンプで左足首を痛めて出遅れましたが、開幕から約1か月後の5月3日には1軍に昇格。中畑監督はいきなり「3番・三塁」で起用してくれました。この試合では結果を出すことはできませんでしたが、3試合目となる5月6日の中日戦ではシーズン1号と2号を連発。2本とも打ったのは球界の大先輩・山本昌さんからでした。

1軍で外野に初めて挑戦したのもこのシーズンです。

僕は小学校2年生のときに和歌山ニューメッツに入団したときから内野手で、堺ビッグボーイズでも主にサードを守っていました。横浜高校に進学して三塁を守るようになり、プロ入りの際は三塁手としてドラフト指名されています。

それまでは、三塁を守っているときが一番、面白かったという実感でした。投手とも近く、強い打球に向かっていくことを求められるポジションです。内野手は、カバーなどの動きも多く、しなければならないことがたくさんあります。そういう意味でゲームへの参加感が強いのです。

この年はまだ外野に正式にコンバートされたわけではありませんでした。チーム事情でレフトを守ったりしただけで、翌年も何試合かレフトを守っています。しかし、2年後の2014年には、中畑監督の指示で外野手に正式に転向することになります。

正式にコンバートされる前は、バットの角度や球種で、この辺に飛んでくるなというのがまったく分かりませんでした。それがだんだん、このピッチャーのこの変化球の曲がり方だと、このバッターならこの角度に飛ぶことが多いな、などと考えながら、微妙に守備位置を変えて守るようになりました。

そうなったのは、14年に本格的にレフトを守りだしてからで、やはり3年くらいはかかっています。

自分の走力や肩の強さは決まっているので、あとはどれだけ準備して、反応できる形を作って待てるか。大事なことは、正しく1歩目を切れるかです。打った瞬間に反応して、考えた場所に打球が飛んでくるようになると、外野の守備もどんどん面白くなっていきました。

僕は自分の守備を決してうまいとは思っていません。守備では最低限、迷惑をかけない。それが僕の決まりです。

集中するには、無意識の中の意識を持つ

ただ、もっともっと向上する方法はあると思います。それは守っているときでも、打席に立っているときでも、同じボールの待ち方があるからです。

どういうことかというと、ひとことで言えば気持ちが入って一つに集中していくのではなく、視界がどんどん広くなっていくような集中力を身につけることです。

集中した状態を表現するのに、一般的には顔の前に立てた両手の間隔を、手を合わせるように狭めていく動作をしますよね。一点に集まっていく感覚を表すためです。

しかし、そうやって集中しようとして一点に意識を集めていくのは、実は集中ではないと僕は思っています。なぜなら、そういうときには視野が狭まり、次に起こることへの予測がつかなかったり、見落としがあったり、必ず準備不足が起こります。だから、決して今から「やるぞ」と気持ちを高めることが集中ではないということです。

視界が一つに集まっていくのではなく、むしろどんどん広がっていく。そして、意識しないでも周囲の色んなものが見えるようになっていく。

それが僕の考える集中した状態です。

もちろん自分のやることには意図とか目的があり、それをやり遂げるために集中していくわけですから、意識は必要です。ただ、「やるぞ」とことさら気持ちを向けるのではなく、そういうことをやろうとしないでも自然に次への準備が整うようにしたい。無意識の中の意識。それができれば一番、集中した状態になれるということです。

そういう心と空間、自分の世界を作ることができれば、例えば打席に立ったときには、投手との間にある18・44メートルの空間を支配できると思います。その空間を支配することができれば、必ず失投が来ます。投手が嫌な感じがして、本当はマウンドを1回外すべきところで外さずに投げてしまう。投げ終わって打たれてから「ああ、外しておけばよかった」と思うようなことも起こります。

こちらは投手が次の1球を投げるときには、ボールを待てる形が自然に出来上がっていて、投手の指先をボールが離れた瞬間にスイングできる形ができている。そういうときは構えた瞬間に「ホームランを打つ」と分かります。そういう経験はたくさんではありませんが、何度か実際にありました。

2017年のクライマックスシリーズのファイナルステージ第4戦で広島の薮田和樹投手から、第5戦で大瀬良大地投手から2試合連続でホームランを打ちました。

この2本はいずれも打席で構えた瞬間に「ホームランを打つ」確信が湧き上がり、結果もその通りになったものでした。

これは無意識の中で理想的な集中ができて、マウンドとバッターボックスの間の空間を制することができた結果だと思います。ただ、あれだけ短い間に2度も起こったのは初めてで、自分でもちょっとびっくりしたくらいです。それくらい良い集中ができていた、ということだと思います。

だから守備でもそういう集中ができれば、投手の球種やバッターのバットの角度を見た瞬間に、自然とボールが飛んでくる軌道が分かって、打球が飛んで来たら、自然に反応できる形ができるようになります。

それが守備の理想です。

まだまだ完全にできるわけではないですが、僕はそれを普段の生活のレベルでもできるようにしたいなと思っています。

例えばご飯が出てくるのを待っているときに、喉が渇いて「お茶が欲しい」と思うことがあると思います。そういうときに言葉にしないでも、すっとお茶を出してもらえるような空間を自分で作り上げたい。自分がなにか野球のことでイライラしているときには、絶対にそういう空間は醸し出せないです。それは無意識の集中ができていない、ということなのです。

2012年はいろいろな経験をしたシーズンでした。この年は1軍で初めて2桁の10本塁打を打ちましたが、打率は2割1分8厘と低迷して、自分で進むべきと信じる道と、周囲が望む形がなかなか噛み合いませんでした。

最後までもやもやし続けた年だったことは間違いありません。

初めて抱いた強い決意

「早く2軍に落ちたい」

2013年のキャンプは1軍でスタートしましたが、自分の中ではずっとそんな気持ちで苦しみ続けていました。

この頃になると、自分の中でははっきりと、「逆方向に強い打球を打ちたい」というバッティングの方向性が出来上がってきていたからです。これは子供の頃から兄と追い求めてきたものので、1、2年目にファームで田代監督や白井監督から受けた「呼び込んで強く叩けるようにしろ」という指導とも共通するものでした。

しかし、このシーズンから1軍で打撃を担当していたあるコーチの打撃理論とは正反対だったのです。

このコーチは、その前年は2軍の打撃コーチをしていて、そこでもなかなか僕の求めるものを理解してもらえませんでした。おそらく僕が1軍でなかなか結果が出せないことで、そのコーチはその人なりに考えていろいろなアドバイスをしてくれたのだと思います。

ただ、ポイントを近くして逆方向に強い打球を打とうとする僕の形は、前でさばいて引っ張って遠くに飛ばすことを求めるそのコーチの理想とはまったく逆でした。結果としてコーチから求められる打ち方ができないので、怒られてばかりでした。

このままでは自分を見失ってしまうし、将来に絶対につながらない。自分の中ではそういう思いもあり、キャンプからオープン戦の時期を1軍で過ごしながらも、心のどこかでは「ファームでもう一度、やり直したい」という思いが膨らんでいきました。

3月10日の広島とのオープン戦では走塁中に左足首を捻挫して、その影響で2週間ほどチームを離れるアクシデントもありました。先発復帰はオープン戦最終戦となる24日の西武戦で、本当にギリギリで開幕に滑り込んだ形でした。

しかし、そんな状態ですから1軍で結果が出るはずもありません。

開幕はナゴヤドームでの中日3連戦でした。

3月29日の開幕戦は「6番・三塁」で先発で使ってもらって4打数ノーヒット。翌30日の第2戦も「6番・三塁」で先発して4打数ノーヒットで、第3戦はスタメン落ちしました。この試合も7回に代打で打席に立ちましたが、結果を残せず、試合後にナゴヤドームで2軍落ちを通告されました。

このとき試合後のナゴヤドームでそのコーチから、懇懇と説教をされたのです。1時間……2時間……しかし話は「ボールを引きつけて逆方向に打ちたい」という僕のバッティングを否定するもので、どうしても僕には受け入れることができなかったのです。

ついに、僕の中で何かが切れました。

それまでは、コーチに対して口答えをすべきではないと考え、納得が行かなくてもあえて反論することはありませんでした。僕が過ごしてきた野球人生の中で、そんな場面はこれまで一度もなかったのです。

「ちょっと聞かせてもらってもいいですか？」

僕は思いをぶつけました。

「まず、ポイントを前にして大根切りのように打てと言われますが、コーチはホームランバッターではないので、その感覚が僕とは違うと思います。それじゃあコーチが考える、バットにボールを乗せる感覚というのはどういうことですか？　反対方向に大きい当たりを打つ感じってどういうものですか？　コーチはどう考えているのですか？」

年上のコーチに対して、失礼な態度だったかもしれません。でも、このままではたとえ2軍でバッティングを立て直しても、1軍に戻ってきたら、また同じことの繰り返しだと思ったのです。そこで、自分の感じていることを正直に言わせてもらいました。

「オマエはどう考えるんや？」

コーチからそう聞き返されたので、僕は言いました。

「僕じゃなくてコーチがどう考えるかなんです。でも、分かりました。やっぱりコーチと僕とではバッティングの感覚は全く違うと思うので、もう僕には何も言わないで下さい！」

試合が終わってから、3時間くらいは経っていたと思います。

「分かった。じゃあこれからはもう何も言わん。自分でしっかり考えて、結果を残せるようにしてくれ」

最後にそのコーチもこう言ってくれて、話は終わりました。

この日から、僕は誰に何と言われようとも、自分の信じるバッティングを追い求めようという思いを強く持つようになりました。

自分自身の信念で前に進むと決意した日でした。

恩人との出会い

そうしてファームに落ちたことで、僕は一人の恩人に出会うことになります。

このときチームの2軍で打撃を教えていた大村巌コーチです。

ファームで最初に大村コーチのことが気になったのは、打撃練習の打順を書いたメニュー表でした。

打つ順番と名前が書いてあるのは当たり前ですが、大村コーチが作るメニューには、その日の気温が何度で、湿度が何パーセントか、風速はどっちの方向から何メートルの風が吹いているのか、ということが全部書いてあったのです。

「何でこんなん書いてるんですか？」

僕が聞くと、答えは明快です。

「気温と湿度は体調管理の意識を持たせるためだし、風速はこういう風の時け今日の先発ピッチャーの変化球はこういう曲がり方をするとか、そういう気象条件での変化を考えさせるため。試合前の準備をしっかりさせるために書いているんだ」

言葉も論理的で、面白かったです。

もちろんバッティングの話も色々と聞きました。

ただ、このときは2軍の打撃コーチがもう一人いらして、左打ちはそのコーチが担当で、大村コーチは右打者の担当みたいなシフトになっていました。ですから僕がバッティングのことを聞いても、大村コーチが具体的にアドバイスをしてくれることはほとんどなかったのです。

「俺は見とくから」

「今は言わないけど、ちゃんと見とくから」

こう言うばかりで、ほとんど具体的な指導を受けることはありませんでした。

そこで僕がやりだしたのは、大村コーチから指導を受けている右バッターに、どんなことを言われたかを聞くことでした。

ともすると2軍のコーチは若い選手が相手なので、「こうやれ」と一方的に命じることが多いのですが、チームメイトから聞いた大村コーチの指導は、全然違いました。

きちんと会話してくれて、選手のしたいことを理解した上で、そのためにはどういうアプローチをしていったらいいのかを筋道を立てて教えてくれる。

実際に僕もいろいろなケースで自分の考えていることをぶつけると、それにちゃんと答えを返してくれたし、その答えもとても納得できるものでした。僕が質問したことには丁寧に答えてくれたのですが、ただ技術的なことだけは、あまり言ってくれませんでした。そこは最後まで言葉を濁されていました。

ただ、普段から反対方向に打つ大切さだとか、そういうことはいつも話していたので、思い切って僕がこう聞いたことがあります。

「反対方向にきっちり打ちたいですし、練習でもそこから作っていきたいんです」

「そりゃそうだよね。そんなの当たり前だよな」

答えは簡潔で、その答えを聞いた瞬間から、僕の頭の中ではこの人に本当に教えてもらいたいという思いがどんどん募っていくようになりました。

開幕直後にファーム落ちした2013年のシーズンは、6月に1軍に再昇格しましたが、三塁手には中村紀洋さんがレギュラーとしていたこともあり、ほとんどが代打や守備固めでの出場でした。そうして8月に再び2軍に戻ると、シーズン終了まで1軍に上がることはありませんでした。

出場試合数は23試合で打率2割1分6厘の本塁打は1本。1年目を除いた3年間では最低の成績でした。

しかし、僕は何とか大村コーチに食らいついて、自分のバッティングの手がかりを摑みたかった。そのためには2軍でじっくりと練習をすることが、むしろ望みだったので、この成績は気にはなりませんでした。

瀬野さんからドミニカ共和国行きを勧められたのは、ちょうどこの頃でした。

「じゃあ、反対方向だな」

11月の奄美大島での秋季キャンプのメンバーから、僕は外れました。

中畑監督は最後まで、僕を連れて行く考えで、出発前日までメンバーに入っていたとも聞きました。

ただ、このときにGMの高田繁さんが、大村コーチに僕を預ける決断をしてくれたのが、残留の決め手になったと後で聞きました。

「このままでは一緒だから大村、見てくれ」

高田GMがこう言うと、ずっと僕のことを見続けてきてくれていた大村コーチにも異存はありません。

「僕もそう思うので、残してみましょう」

こうして、横須賀の2軍施設で大村コーチとマンツーマンの濃密な秋季練習が始まりました。

横須賀での2週間の秋季練習では、まずはじっくりと2人で話をしました。

証言　大村巖・現ロッテ１軍打撃コーチ

「キャンプで初めて彼に会って挨拶を交わしたときの印象は、『すごい日をしているな。これは人の話を聞く目じゃないな』と。なんでこうなっているんだろうと思ったのが第一印象でした。それで、その年の11月に横須賀で２人でやることになって、その前に横須賀の球場の脇で海を見ながら話をしたんです。

そこで僕は、『思っていること、これまでのプロセスを全部話して欲しい』と彼に言った。そうして１時間ちょっとですかね。彼は１年目のキャンプから『人からこういわれて僕はこう思った』とか、もの凄く詳しく全部話してくれた。それを全て聞いて、僕が最後に、『全打席でチームの勝利に貢献できるバッターを目指そう』と話して練習は始まりました」

「どういうバッターになりたいのか？」
「自分のやりたいバッティングはどういうものなのか？」
「いままでどういうことを言われて、何に引っかかったり、疑問があったのか？」

最初は大村コーチの質問攻めでした。

技術的なことより、僕の思いを聞いてくれて、目指すものとか、そのときの心の状態とかを丁寧に解きほぐしてくれるような作業でした。

その質問に対する僕の答えはこうです。

「打点をきっちりあげられるバッターになりたい」

「ホームランも打てるけど、率も残したい」

今まで1軍のコーチに何度も指摘されながら、自分で納得できなかったことも包み隠さずに打ち明けました。

「自分はポイントを近くして打ちたいのに、前で打て、前で打てと言われる」

「上から叩けと言われるけど、自分は平行なラインでバットを引いていきたいので、その感覚はない」

そういう話を黙って聞いていた大村コーチは、最後に一言だけこう言いました。

「じゃあ、反対方向だな」

それからはもうひたすら練習です。

午前中は守備と普通のバッティング練習をして、昼から夜までは本当に室内にこもって5時間、6時間と打ちっぱなしでした。

次の日が楽しみだった2週間

具体的には、どうしても前にいくクセがあったので、その矯正が最初のテーマでした。

メディシンボールを使って体が動かないようにして、軸で打てる身体の使い方を教わり、大村コーチがミットを構えて僕が左手で打つボクシングもしました。あとはデッドボールでケガをするのがもったいないからと、柔らかいボールを使って避《よ》ける練習……。もうありとあらゆる練習をしました。

バッティングフォームに関しては、「構えをこうしろ」とか、「ステップをこうしろ」とか、そういう細かいことは一切、言われなかったです。

バットの軌道とポイントを徹底的に叩き込まれた感じです。

その練習でも、メディシンボールを使って身体の使い方を教えてもらってからボールを打ちました。ときには長い棒を使って、しっかり身体や腕の使い方を教わってから実際に打つので、動きが非常に分かりやすかった。投げたらサーッと長く伸びる釣竿を使って、それを短くしておいてから、溜めを作ってパンと投げて伸ばす練習などもしました。

そういう練習や運動をした後でティー打撃、また練習をしてティー打撃と交互に繰り返すのが大村コーチのやり方です。そうすると、だんだんと感覚をつかめて、スイングが変わっていく。これまでどこか詰まっていたものがスッと溶け出すように、急速に変化していくのが自分でも分かりました。

「自分が求めていたことを教えてくれている」

プロに入って初めて練習が楽しいと思うようになりましたし、あの2週間は次の日が楽しみで仕方がありませんでした。

ここで自分の今の原型ができた、バッティングの土台ができたと言って間違いありません。

証言　大村巌コーチ

「2週間の秋季練習の終わり頃に、筒香が『来年で僕は終わりですかねえ?』と聞いてきたことがありました。そこで僕は、『逆にチャンスだろ。終わりだと思ったら、逆に開き直って、人の目を気にしないで何でもできる。好き勝手にやればいいじゃないか!』と言ったんです。『やるか?』と聞いたら『僕、やります!』と彼が言った。

その言葉には、ただこの秋季練習でやってきたことを続けるという意味だけでなくて、この先にも色々な反対があるけどやり通すという覚悟が込められていました。その瞬間に僕は、『オマエは一流選手になるわ。もう大丈夫だ』と言いました」


ただ、大村コーチと作り上げたバッティングが、チームで本当に受け入れられる土壌は、この時点ではまだあったわけではありません。2014年2月のキャンプが始まると、バッティングを見た多くの人から、厳しい言葉ばかりを投げかけられていたのが実情です。

「それは振り遅れだろう」

打撃練習で意識的にレフト方向に打っていても、打撃ケージの後ろからなんどもこう言われました。

「ホームラン王をとりたかったら、もっと前でさばいてしっかり引っ張って打て。反対方向に打っている間は、タイトルなんて絶対にムリだぞ！」

ただ、自分ではもう、そういう言葉もあまり気にはならなくなっていました。

「もう絶対に変えない。誰に何を言われようとも、絶対にこのバッティングを続けて自分のものにする」

だからどんな反対意見も「ハイハイ」と言って聞き流すことができるようになったのです。

そうやって聞き流す力がつくと、人から何かを言われたときに迷ったり嫌になったりすることもなくなっていきました。

自分のバッティングで結果を残せた

この２０１４年からの２年間は、特に野球のことが頭から離れず、一日中ずっとバッティングのことばかりを考えていた時期でした。

先輩に食事に連れて行ってもらった時でも、ずっとバッティングのことを考えているような状態です。そうしてパッと閃くことがあると、食事をしている最中でも、もうバットを振らずにはいられなくなってしまうのです。

「申し訳ないですが、お先に失礼させてもらっていいですか」

せっかく誘って下さった先輩には失礼でしたが、こう言って帰らせてもらったことが何度もありました。

この年は、何が何でも結果を残さなければならない、そう思っていました。


3月28日のヤクルトとの開幕戦は「5番・左翼」で先発。2回の第1打席で中前安打を打つと、8回にヤクルトの左腕・八木亮祐投手の変化球を逆方向のレフトに打ち返して2本目の安打をマーク。3打数2安打1四球でスタートを切ると、4月12日のヤクルト戦では1号本塁打。3、4月で打率3割をマークしました。

7月12日のヤクルト戦では、小川泰弘投手の外角ストレートを逆方向にしっかり打ち返してレフトスタンドへ。これで自己最多となる11号2ランホームランでした。

この年は6月に右太もも裏の故障と、8月13日中日戦の守備で梶谷隆幸さんと激突して、2

度の戦線離脱がありましたが、それでも2012年以来、2度目の規定打席にも到達して打率3割、22本塁打、77打点の成績を残すことができました。

自分で求めたバッティングで結果を残せたのは、プロとして大きな励みになりました。

ただ、そのせいでこの2014年のオフには球団から許可が出ず、ドミニカ共和国のウインターリーグには参加できなくなってしまいました。それでも、試合を観に初めてこの国を訪ねたことは、前に書いた通りです。

松井秀喜さんの後押し

2015年には、大村コーチがそれまでの2軍打撃コーチから1軍打撃コーチへと担当が変わり、キャンプでの取り組みもさらに内容の濃いものになりました。

2015年のキャンプではもう一つ、松井秀喜さんからアドバイスをしていただいたことも、大きな出来事でした。

松井さんがベイスターズの沖縄・宜野湾キャンプを訪れたのは、2月5日のことでした。

中畑清監督と一緒に松井さんが姿を見せると、それだけでグラウンドの空気がパッと変わったような、独特なオーラを発していました。

実際に話をさせていただくと、ものすごく気さくで、ユーモアがあって、それでいて僕らの話にもしっかりと耳を傾けてくれながら、適切なアドバイスを下さいました。

打撃練習が始まると、ケージの後ろから、横からと、バッティングのチェックをしてくれました。

打撃練習が終わってお話をさせて頂いた時に、僕は松井さんに長年の疑問を率直に聞いてみました。

「僕はポイントを近くに置いて、逆方向に強い打球を打ちたいと思っています。ただ、いろいろな人から、それじゃダメだ、遠くに飛ばしたいならポイントを前にして、もっと前でさばけと言われます。松井さんはどう思われますか？」

松井さんの答えはこうでした。

「反対方向にはきっちり打てるようにした方がいいよ。オレもジャイアンツの時はそういうバッティングをしていなくて、アメリカに行った時に凄く苦労した部分がある。だから人から何といわれようとも、逆方向に意識を持って打つことは絶対に間違ってないし、続けた方がいい。自分の思っていることをやり続けるべきだとオレは思うな」

この言葉を聞いて、僕は間違っていなかったという確証を得ることができました。

松井さんはベイスターズのキャンプに滞在している間に、バッティング練習では丁寧に逆方向へ打つバッティング、ポイントを寄せてしっかりと振り切るための技術を指導してくれました。中畑監督やチームのスタッフの方々も、松井さんのそういう姿を見てくれていたのだと思います。

それ以降、周囲の人も、コーチも、僕が逆方向に打つことについて何も言わなくなりました。

松井さんが僕のことを後押しして下さったと、今でも自分で勝手に思って感謝しています。

そして、この年のオフに、ドミニカのウインターリーグにようやく参加することができました。

自分の考える型にはめるのではなく、僕の特長や目指してきたことを理解して、それを伸ばして下さるコーチと出会ったことが、僕の転機でした。

そういうコーチに巡り会い、指導を受けられたことは、野球選手として本当に幸せなことだったと思っています。

もちろん、誰にも共通する「基礎」は、ある程度何事にもあると思います。

僕はそれを兄との練習で学び、その基礎を土台に少しずつ成長してきたと思っています。

ただ、その後は違います。選手にはそれぞれタイプがある。僕のバッティングがすべての人に当てはまるとは思いません。僕の話を、「逆方向へのバッティングを早くから練習すればいいんだ」とは受け取らないでほしいのです。

体型や身体の柔らかさ、骨格の違い、筋肉のつき方……そういう一つ一つの要素から、それぞれに個性が生まれ、それぞれに長所も短所も生まれるはずです。

人によってバッティングは変わっていい、いや、変わらなければならない、と考えています。

だからこそ、僕は思うのです。一人ひとりの子供を見て、その子のしたい野球を、可能性を、伸ばしてあげることが大事なのだ、と。

第4章

「勝利至上主義」が子供たちの未来を奪う

4番を打っていた和歌山ニューメッツ時代。この頃から、打ち方は基本的に変わらない

気づきとセンサー

僕は基本的に今でも、小学校4年生の時に身につけた打ち方をしています。バットの角度や間合いのとり方は、小さい頃の感覚のままで打っているのです。

一番大事にしているのは、バットを持って投手と対したときの構えです。

実際にボールを打つのはインパクトの瞬間ですが、構えがずれてしまえば絶対にバットの芯では打てません。

インパクトがずれているときは、実はその原因はバットのトップの位置にあると思います。トップがずれている原因を追究していくと、結局は構えになるのです。

理由をたどっていくと一つ前に行き着く。だとすれば、構えができていれば問題はない。だから構えはバッティングにおいて一番重要な部分だと思うわけです。

構えの他にもう一つ大事なことは、重心です。

今の僕は、身体の重心を正しく意識でき、構えができていれば他のことはまったく気にならなくなっています。だから、構えたときに「重心はどこかな」、と探っている時は、結果はおおむね良くないことになります。

実は入団２年目のオフにアメリカに渡って始めたウエイトトレーニングも、２０１６年の５月で止めました。僕はこれまでもパワー系だと思われて、コーチを始め周囲の人たちから「パワーを生かせ」と、言われ続けてきました。しかし僕が常に考えていたのは、もっといろいろなことに気づけるセンサーを増やしたい、ということでした。

センサーというのは、感じ取る力ですね。

おそらく、自分のバッティングがおかしくなっているのを、ほんの少しずれている段階では感じ取れないで、めちゃくちゃに悪くなってから感じる選手が多いと思います。しかし、ごく微妙なズレにすぐに気づいて修正をかけられるようになれば、大きな調子の波がない選手になれる。

それを感じとるのがセンサーなのです。

ウエイトトレーニングは外国人には合っているのかもしれませんが、日本人には合わないのではないでしょうか。少なくとも僕の場合は、そういう細かい感覚が失われていきました。頭まで硬くなっていくような感じで、感覚が鈍り、センサーが消えていってしまうのを感じました。

グラウンドで野球をするのは当たり前です。グラウンドを離れた時こそ、野球がうまくなるチャンスだと僕は思っています。だから、普段の生活をすごく大事に、意識して過ごしています。

朝起きた瞬間に〈今日の重心はこうなっている〉とか〈今日はここがずれている〉と感じられるかどうか、が大切です。日によって重心が前の方に傾いていたら、野球の動作をする時には自然と前側の太ももに力が入ってしまいます。逆に後ろに行っていたら、少し体が流れやすくなる。

グラウンドに立った時、必ずそういう影響が出るのです。重心が狂ってくるとケガをしやすくなります。

普段の何気ない動作で、そのバランスが狂って行くこともあります。物を持つ時にどれだけ力まないで持てるか。力むことは体のバランスが崩れていくきっかけになります。

たとえばシャワーを浴びてシャンプーする時も、僕は両肘を張って肩を上げる動作はしません。必ず肩を落として洗うように気をつけています。

肩を上げると、どうしても力みにつながる。できるだけ身体と手がつながった状態でシャンプーをするようにしているのです。

子供時代の野球体験が重要

極端にいえば、食事をしていてテーブル上の醤油を取る動作も野球につながることがあります。だから僕は人が食事をしていると、この人は身体の使い方がうまいな、とか、すぐにそういう目で見てしまいます。うまいというのは力んでない、自然な動きだということです。

こういうことを、僕はずっと矢田修一先生に指導して頂いているのです。

矢田先生からは、「正しい感覚があって力まずに上げられるのならウエイトトレーニングもいい」とは言われました。ただ僕は心身のバランスを整えることで身体が正しく動くと思うので、ウエイトトレーニングはそれが狂う原因になる可能性があると思い、結局、止めることにしました。

そうやって暮らしていると、「ああ、できていないわ」と気づくこともたびたびあります。でも、気づくことが大事なのです。悪い部分だけではなく、良い部分を感じるセンサーも必要ですし、センサーが増えれば、自分で修正したり、進化させたりもできます。日頃から感じようとする、考えようとする意識が大事で、3年前には今ほどのセンサーは自分になかったですし、少しずつでも増やしていく努力をするしかないと考えています。

もう一つ重要なこととして、そうしていろんなセンサーが感知したことは、その日のうち、少なくとも寝る前までには必ず処理するようにしています。

一日の中でさまざまな気づきがあります。それを寝る前に整理するのです。

〈これは良い感覚、明日の練習はこういう感覚でやってみる〉

〈この感覚はもういらないから明日は捨てる〉

要るもの、要らないものをその日の夜に分類して、翌日につなげていくもの、その先につながっていく可能性のあるものと整理した上でベッドに入ります。この分類は試合が終わった瞬間から始めていますから、寝る前にそれを復唱するというか、整理する感じですね。

整理できない時は、紙に書き出すこともしています。

いろいろな問題がブワーッと出てきて、「これじゃあ寝られないわ」という時に、壁に大きな紙を貼りだすのです。

そこに一つ一つ、「今やらなければならないもの」「そんなに急がなくていいもの」「最終的にはこうなりたいもの」「ただ単に気になっているもの」という風に分類して書き出していきます。

自分の状態が悪くなると、こうしなければ整理できないケースが増えていきますね。実はそれも、一つの気づきの作業でもあるのです。


気づきやセンサー、矢田先生から頂くアドバイス。プロとしてのこうした日常の取り組みは、小学生から中学生時代にはじまりました。この頃に始めたことを、今日まで追求し続けてきた一つの結果です。

そう考えると、子供の頃にどんな野球体験をしたかが重要だと思うのですが、それは単に、成長期にどんな練習をすれば良いか、という話ではありません。

僕自身のケースは、前章まででお話しした通りですが、これは子供たちの心身の成長のためにはどんな環境が必要なのか、という問題で、一人ひとり違うと思うのです。その大きなカギを握るのは、指導者や親など、周りの大人たちの存在です。

プロに入り、バッティングに悩んだ時、僕がドミニカで見たのは、日本とは正反対のアプローチをする指導者の姿でした。その時、僕の中で問題意識が形をとり始めました。

「勝利至上主義」３つの弊害

では、日本の野球指導の何が問題なのでしょうか。

僕が小学生のとき和歌山ニューメッツで野球を始めると、監督さんからは「勝たなアカン」と言われ続けてきました。横浜高校で求められたことも、勝って甲子園大会に行き、日本一を目指すことでした。

選手として求められるのは、いつも勝つためのプレーです。そこには勝利以外の価値観はほとんどなかったといっても言い過ぎではないかもしれません。

もちろん僕も「勝つこと」「勝ちを目指すこと」がダメだと言っているわけではありません。スポーツである以上、勝つのが目的ですし、プロなら当たり前のことです。

しかし、成長過程の子供たちに、「勝つこと」はそれほど重要でしょうか。いや、むしろ弊害になる場合さえある、と僕は思います。勝つことが絶対的な目標とされる「勝利至上主義」は、いま様々なスポーツの現場で問題視されています。

勝利至上主義の弊害の一つは、野球が子供たちのためではなく、指導者の実績や功績、関係者や親など大人たちの満足のためのものになってしまいがちな点です。

少年野球や高校野球、大学野球を含めた子供たちの野球は、3年から4年のスパンで選手がどんどん入れ替わります。そのためチームの実績は実際にプレーをした選手たちではなく、チームと指導者の功績として評価されることになるわけです。

そうして実績を残した監督は周囲から高い評価を受け、発言力も強くなります。その評判を聞いて選手も集まるようになっていき、チームは活況を呈するようになる。それは一つの現実です。

すると中には、チームの評判や自分の名声を守るために、とにかく勝つこと、勝って実績を残すことばかりに躍起になってしまう指導者が出てきても不思議ではありません。

そうした現場で起こりがちなことが、選手に対する必要以上の圧力、考えられないような暴力やパワハラまがいの指導なのです。

さすがに今は選手に直接、手をあげる指導者は少なくなっていると聞きます。

しかし最近でも、全国優勝を何度も経験している大阪のある少年野球チームの監督が、「ベースタッチが甘い」と選手を平手打ちする動画が「ＹｏｕＴｕｂｅ」にアップされ、問題になりました。

もちろん周囲の目がある試合中での暴力はほとんどなくなってきているようですが、それでも監視の目のない練習中などに、監督やコーチが選手に手を上げる事件が根絶されたわけではないそうです。

実際に手を上げることはないとしても、「勝つためには暴力は必要」と心の底で考えている指導者はまだまだ多い。そういう指導者が手を出す代わりに選手に対して行うのが、威圧的な言葉の暴力やいじめだと聞きました。

僕が少年野球や高校野球を見ていて嫌だなと思うのは、試合や練習で監督や指導者が、ミスをした選手を罵倒する姿です。

「へたくそ！」

「ばかやろう！」

「使えないんだよ！」

「帰れ！」

選手が失敗すると、ベンチで踏ん反り返った監督やコーチが、こんな風に罵声を浴びせる現場を何度も目撃したことがあります。

本来は一番の味方になってあげるべき選手の親までもが、選手を追い込むこともあります。

「一生懸命にやっているのか？」

「頑張らないとダメだ！」

こうやって自分の子供を叱り、辛く当たるようになってしまうケースすら生まれてしまうと聞きます。

標的になった選手は孤立無援で、事あるごとに監督から怒鳴られ、罵声を浴びせられて、結果としてベンチから外されてしまう。最後は他の選手の保護者までもが無視したりする。そういういじめの構図に発展して、チームから追い出される。そんな出来事も少なくないと聞いています。

子供にバントは必要か

「勝利至上主義」に陥ると、ミスをする子供は邪魔者になってしまうのです。言うまでもなく、誰でもミスはします。ましてや子供たちは、ミスをしながら成長するのです。

「気が緩んでいたから。ケガをさせないために気持ちを引き締めた」

罵声や暴力を正当化するために、こう説明する指導者もいます。

確かにミスが起こる時は、集中力が途切れてしまっていることが多いかもしれませんし、気持ちが散漫になればケガにもつながります。

しかし、本当に怒ったり、怒鳴ったりすれば、子供が集中してケガなく試合や練習に取り組めるようになるのでしょうか？　僕には、とてもそうは思えません。むしろ逆効果だと思います。

ドミニカ共和国で子供の野球を見ていると、選手がミスをした時、監督は決して怒鳴ったりしません。黙って見ていて、ベンチに戻ってきた選手を笑顔で励まします。

そして、試合が終わったら話し合うのです。

「なぜ、あそこでミスが出たと思う？」

「どんなことを考えていたの？」

「自分のプレーのどこがまずかったと思う？」

一つ一つ子供と考え、意見を聞いて、その中から解決の糸口や新しい方法を一緒に探していきます。

僕も子供の頃から、兄にずっとそういう風に育てられました。そうやって身に付いた考える習慣が、僕の強さになったと思います。

「勝利至上主義」の弊害として、僕が二つ目に感じていることは、選手が大人の顔色ばかりを見て、自分で考える習慣が身につかないまま、育ってしまうことです。

勝つためには、どうしても監督は選手を、自分の言う通りに動く駒として育てようとします。その指導に従わなければ監督や親から怒られるので、選手も大人たちの顔色を見てプレーをすることになり、自分で答えを見つけ出そうとしなくなります。

たとえば、バントをミスした選手にバント練習ばかりを2時間も3時間もやらせる。実はこういう練習は集中力もなくなっていきますし、決して技術の向上にはつながりません。そもそも、そんな練習が楽しいわけがありません。

バントに限らず、勝つための技術をマニュアル的に一つ一つ、何度も叩き込んで、選手を型にはめ込んで育成していく。選手は言われた練習をそのまま繰り返すだけで、自分で工夫して考えるという過程がなくなってしまうのです。

ドミニカで印象的だったのは、どの試合でも送りバントのサインが一回も出なかったことでした。

もちろん試合でサインは出すのですが、ほとんどが空のサインで、実際に選手に出されているのは盗塁の指示くらい。エンドランすら、あまり見たことはありません。

ドミニカでは選手を育てるために、とにかく思い切ってバットを振ることが優先されるからです。

選手が試合で打席に立てるのは、１試合で多くて４回か５回しかありません。その少ない実戦の場で、相手投手の球をしっかり打つのが試合を行う目的なのです。打てなかったとしても、それはその時の結果に過ぎません。

送りバントは、選手が成長する機会を奪ってしまうことになる。だから監督は絶対に送りバントのサインを出さないのです。

日本ではどうでしょうか。

少年野球から高校野球、大学野球、プロ野球まで、１点を取るために送りバントを多用します。勝つための有効な手段、作戦と考えられているのです。

送りバントは、犠牲バントという言葉通り、チームが勝つことだけを目的に、選手がボールを打つ機会を犠牲にする作戦です。果たして小学生や中学生の野球で、その作戦は必要でしょうか？　たとえ高校野球でも、そこまで勝つことだけにこだわって、野球をする意味があるのでしょうか。

僕は子供たちの野球では、勝つことよりも彼らの能力をどれだけ引き出し、伸ばしていくかが優先されるべきだと思います。

少年野球の現場では、たとえば8番の子供に、「オマエは打てないからバントしとけ」とサインが出されるようなことがあります。「チームの勝利のために、自己犠牲の精神を学ぶことも大事だ」という指導者もいます。

しかし、子供の成長を犠牲にしてまで勝たなければならない試合とは、一体どんな試合なのでしょうか。

「勝利至上主義」の3つ目の弊害は、そういう野球は単に選手の成長の芽を摘むだけでなく、最悪の事態を引き起こしかねない、ということです。

これまでの野球人生で僕自身、同級生や下級生の中で、ものすごく才能があると思った投手が、いつの間にかいなくなってしまったのを何度も目撃しました。

ベイスターズの選手でも、高校時代から肘が曲がったままという選手は、投手だけでなく、野手にもいます。

高校時代には、「ケガをしても、良い先生がいるから思い切ってやれ」と言われたという話を聞いたこともあります。良い先生がいて、良い手術ができて、良いリハビリができるから、思い切って投げろ。

壊れることを怖がるな、ということです。

言葉は変ですが、求められるのは「できる限りのムリをしろ」ということで、これは最近の部活動での熱中症の問題でも、同じことが言えると思います。

それもすべて、「目の前の試合に勝つため」なのです。

第5章

堺ビッグボーイズの試み

©Yasushi Washida

2018年1月に行われた「チーム・アグレシーボ」体験会には、たくさんの子供たちが参加した

子供たちの野球環境は、具体的にどのようにあるべきなのか。

それを考えるにあたり、僕がこうした考えを持つきっかけとなった、堺ビッグボーイズの試みについてお話しします。

データ

堺ビッグボーイズ（公式戦出場名・堺中央ボーイズ）は1984年に現代表・瀬野竜之介の実父・瀬野龍也が設立した、日本少年野球連盟（ボーイズリーグ）大阪阪南支部に所属する少年野球チームだ。

瀬野は第1期生としてこのチームでプレーし、その後は大阪・浪速高校から東海大学に進学。大学3年生のときに腰を痛めてプレーヤーを断念したことを契機に、ビッグボーイズのコーチとなり、大学卒業と同時に監督に就任した。

僕が入団した2004年当時は、監督さんが厳しく指導される方で、目標は地区大会を勝ち抜いて全国大会に出ること。つまり、こうした考え方においては、全国のどこにでもあるようなチームでした。

ただ、身体の使い方に対する独自の取り組みがあり、兄がこれに注目したことは前述した通りです。

大阪・河内長野市にある練習場は専用グラウンドが2面あり、当時の少年野球チームとしては珍しい雨天練習場も完備され、練習環境はかなり良い方だったと思います。

その代わり、練習時間は朝から晩までみっちりと長かったです。練習開始は午前8時。それから昼食を挟んで、長い日は陽が沈む午後6時過ぎまで、延々とボールを追いかける日々が続きました。

かつてはスパルタ教育だった

僕が在籍した当時のボーイズリーグには、ジュニアホークスや大阪八尾ボーイズ（八尾フレンド）という強豪チームがいて、堺ビッグボーイズはそれらの古豪を追いかける新興チームといった感じでした。チームのムードはそういう強豪に追いつけ、追い越せということで、いきおい練習もハードになりがちでした。

ただ、僕は矢田先生の体操ばかりをやっていた時期があるので、ずっとハードな練習はしていません。

成長痛に苦しんでいた僕に対して、「放牧や」と休ませてくれた瀬野さんですが、いま改めて聞くと、かつての指導を自分ではこんな風に言います。

証言　瀬野代表

「若かったこともあって、当時のチームはご多分に漏れず朝から晩までみっちり練習をしていました。熱心に指導するあまり怒鳴ったり、生活指導をする上でつい、手を上げてしまったこともあり、完全なスパルタ方針でした。あの頃はとにかく厳しい指導が子供のためになると思い込んでいました」

勝つことが子供たちのためになる。そう信じ、熱血指導でチームを引っ張っていく。今でも全国の少年野球チーム、いや、野球だけでなく他のどの競技にもよく見られる指導者像です。日本のスポーツ界のスタンダードと言っても良いかもしれません。

当時は、僕もそういう指導法に対するアレルギーはあまりなかったというか、それが当たり前だとしか思っていませんでした。

しかし、僕が卒業した3年後に、チームは大改革をして、新しい方向へと舵を切ることになるのです。

チーム改革を行ったいきさつについてじっくり話を聞いてみると、きっかけは瀬野さんが海外遠征を経験し、それまでの自分の指導のあり方への疑問が膨らんだことだったそうです。チームは1999年と2000年に春の全国大会を連覇。瀬野さんは1995年と1998年に世界大会の日本代表のコーチ、1999年と2000年には監督を務め、2000年のアメリカ遠征も経験します。

2000年のアメリカ遠征時のことです。ある日本人コーチが良かれと思い、相手チームの子供にアドバイスを送ったことがあったそうです。ところが、すぐにアメリカ人のコーチからクレームがつきました。

「余計なことをするな。今この子に答えを与えたらダメなんだ。自分で気づかなければいけない時期なんだ」

でも、気づかなかったらどうするのか？

瀬野さんがそう聞くと、そのコーチは断言しました。

「気づくまで待て」

証言　瀬野代表

「実はその前から、全国制覇を成し遂げたけど、子供たちが上のカテゴリーで活躍できていない。たまに高校でも活躍する選手が出ることはありましたけど、チームも強くて良い選手

が集まっている割には、高校や大学で活躍できている選手が少ないことに気づいていたんです。一生懸命やっているのに伸び悩んでいるな。やり方に問題があるんじゃないか、とその前から感じていました。だからそのときに『気づくまで待て』と言われて、自分たちにはそういうアイデアはまったくなかったことに気づき、すごいインパクトになりました。

実はこんな経験もしていました。

凄く気合を入れてやっている試合で負けるときがあったのに、なかば諦め半分で選手に『思い切っていけよ』と自由にさせたら勝ったりする。いま思うと、監督である自分の肩に力が入ってくると、とにかくベンチワークで勝とうとして動き回り、大事なところで選手が力を出せなかったのだと思います。そういうときにまず出てくるのは『なぜできないんや』という子供たちを責める思い。でも、こっちが肩肘張らずに選手に勝手にやらせたら、逆転勝ちしたりする。そういう姿を見て、主役は選手だと気づきました」

チーム大改革が始まる

2009年の5月に、瀬野さんはチームの大改革に乗り出しました。

練習時間の短縮、コーチ主導型の練習から選手本位のチーム改革に乗り出すことを宣言。

当時、監督を含めて10人ほどいたスタッフには個別に面談して、この方針を伝えましたが、ほとんど受け入れてもらえなかったそうです。残ったのは、瀬野さんと最年長のコーチ1人だけでした。そこから浪速高校の同級生で、かつてコーチを務めていた土井清史氏を監督に迎え、スタッフ1人を加えた4人でチームは再スタートしました。

証言　瀬野代表

「方針を変えたことで、チームを辞める子供がかなりでるのではという覚悟はありました。でも結局、辞めていった子供は3人でした。その子らのお父さんは『これじゃあ勝たれへん』と言って去って行きました。

当時は試合をすると、『まともに練習してへんチームに負けるなよ』とか『何も怒られへんチームやぞ』とヤジを飛ばされることもずいぶんありました。我々に負けると、自分たちのやり方を否定されることになるという雰囲気もありました。ボーイズリーグの中でも風当たりは決して弱くはなかったですね。このやり方が定着して、周囲からも認知されたのは、2年くらい経ってからでした」

そうして堺ビッグボーイズは2012年、2015年にも全国大会に駒を進めています。

この頃になると、所属する選手は最初からチーム方針を理解して入ってきた保護者と子供たちでした。

練習時間や練習内容の見直し

今では、早朝の8時過ぎに練習がスタートするのは僕の時代と変わりませんが、終了時間は午後2時半と、大幅に練習時間が短縮されました。土曜日と日曜日のどちらかには、午後から自主練習が導入されています。

お昼に全体練習を終了して、その後は選手が自分で考えて、それぞれの課題に取り組みます。たとえばノックなどの守備練習はメインのグラウンド、バッティングは室内練習場と場所が決まっていて、それぞれの場所には練習をサポートするコーチがついています。選手はグラウンドに行ってノックを受けたり、そこから室内練習場に移動してティー打撃をしたり、自分で選択したメニューで練習をするのです。

――証言　瀬野代表

「自主練習と聞いて遊ぶ子もいたし、帰ってもいいルールだったので、やり方がわからない

と帰る子もいた。それでもこちらも言いたいのを我慢して、続けていくうちに次第に子供が課題と向き合う習慣が身についていきました。

そうすると、『次はこういうことをしよう』と子供が自分で考えて、それをコーチは補助するという形になっていった。子供たちの中で考える回路ができてくるんです。２、３か月経ったら、かなり自分の課題の練習をできるようになっていきました」

堺ビッグボーイズの練習時間が、他チームや小学校の熱心なチームより大幅に短くなったことに対して、「これで勝てるんか？」「いい学校に行けるんか？」という声が、今も少なくないと聞きます。

子供たちにはそれぞれ個人差があると思いますが、小学生から中学生くらいの成長過程ではこれくらいの練習時間で十分だと僕は思います。むしろ、もっと短くてもいいのではないかと思うくらいです。

ドミニカで見た少年野球では、長くて３時間くらいの練習時間です。

アメリカでも午前中か午後のどちらか３〜４時間程度の練習時間のチームが多く、午前と午後をまたいだ練習をするチームはほとんどないと聞きます。

しかもアメリカでは、シーズンスポーツ制が確立されているので、15歳くらいまでは、季節ごとにアメリカンフットボールやバスケットボール、スケートなど2、3種目のスポーツを行います。そのため実際に野球をする時間は半年にも満たないこともあるそうです。

この時期の子供にとって運動をすることももちろん大切ですが、何より成長に見合った身体をきちっと作っていくことが重要です。そのためには栄養、休養、睡眠をきちんと摂ることが、身体を動かすことに勝るとも劣らず大切になります。朝から晩まで野球漬けになりすぎると、疲労が蓄積されて身体が大きくなりにくくなり、将来的にはケガにつながりやすくなってしまうのです。

僕の家は子供の頃から兄の試合を観戦に行ったり、野球に関係のある行事が多かったですが、家族であちこちに出かけていました。だいたい父の運転する車に母と姉と4人で乗って出かけて、道中ではみんなで色んな話をして、途中で一緒にご飯を食べたり、ときには観光したりしたのが楽しい思い出です。

大人になったいま考えると、小さい頃にそういう経験をできたことは、家族の大切さを知り、人とのコミュニケーションをとるいい機会だったと思います。

家族旅行だけでなく、小学生や中学生のころに野球以外の色々な経験をすること、例えば海外に行ったり、サッカーやバスケットボールなど他のスポーツをしたり、楽器の演奏などの趣味を楽しむこと、またじっくり本を読んだり映画を観に行ったりする、そういう時間は子供たちが成長していく過程ですごく大切なものだと思います。

ところが、毎週末はとにかく朝から晩まで野球漬けで、家に帰ったら疲れて家族でろくに話もできないままにベッドに入ってしまう。そんな文字通り野球だけの生活になってしまっては、楽しいはずの野球が、決して子供たちのその後の人生のためにならなくなってしまうのではないでしょうか。


食事にしてもそうです。

僕は子供のころから母の作ってくれたご飯を、母も言う通り本当にたくさん食べました。母は栄養のバランスを考えて色々なおかずを用意してくれて、食事は僕にとって1日の楽しいイベントの一つだったのです。

最近は高校野球の選手を中心に、朝から晩まで詰め込んだ練習をして、疲労困憊の上に「食トレ」と称して、過剰なタンパク質をノルマとして摂らせることが流行っているとも聞きます。体重を増やすことによって、打球の飛距離を伸ばしたり、投球のスピードアップを短期的に目指すのでしょうが、そういう考え方は目先の勝利のためであって、彼らの将来のためにはなりません。適度な運動量にとどめておけば、放っておいてもこの時期の子供たちは食欲旺盛なのではないでしょうか。もっと練習を効率よくし、彼らの成長に沿った食生活を送るべきだと思います。

堺ビッグボーイズでは、シートノックは基本的にはやりません。僕もシートノックにはあまり意味がないと思っています。

ドミニカでもあまり見ませんでしたが、世界中でシートノックにこれだけ時間を割いているのは日本だけだと思います。それだけ熱心に練習している日本の選手が、世界の舞台では圧倒的に守備で通用しないのが現実です。

もちろん中継プレーやカットプレー、バント処理など投内連携の練習は必要です。ビッグボーイズでもそういう練習はしますが、ただそれだけの練習なので、30分か40分あれば十分です。横浜高校でもシートノックだけで1時間、2時間かかることはざらでした。シートノックを止めれば、その分、練習時間を短縮できるはずです。それが結果的に、練習の効率アップにもつながるということです。

長い練習は結局、「勝つためにこれだけの練習をしている」という指導者の自己満足だと思うのです。

特に肉体が完成されていない中学生、高校生くらいまでは、過剰な運動による疲労は身体へのダメージが大きいことを理解すべきです。技術の習得という点でも、体力が落ちて、集中力を欠いた状態でいくら長時間練習しても、マイナス効果になるばかりです。

自分で決めて行う個別練習は、オーバーワークにならないように練習内容を考えて、自分の足りないところを強化することが目的です。子供は本当に一人ひとりで個性が違います。練習でやらなければならないことや目的も異なるので、指導者が決めた一律のメニューでは、なかなか成長にはつながらないのです。

大事なのは選手が自分で考えて、理解して、行動することです。

自主練習をする一番の意味は、そこにあると思います。

リーグ戦制度の導入

練習時間が長くなってしまうもう一つの理由としては、現行のトーナメント制度による大会運営もあると思います。

野球は覚えることが多いスポーツです。

特にトーナメント形式で大会が運営されている少年野球では、目の前の試合に勝たなければ次がありません。そこで、選手が試合での動きを繰り返し練習しておくことが必要になるのです。

少年野球の指導者が「勝利至上主義」に陥ってしまう理由の一つとして、このトーナメント制度の存在が大きいと思います。

プロ野球の戦いが典型ですが、本来、野球というのは力がある程度拮抗していれば、勝ったり負けたりするスポーツなのです。年間143試合を戦って優勝するチームでも勝利数は90勝前後で、逆に言えば1年間で50敗する競技でもある。そういう野球の本質を考えたら、僕は1回負けたらすべてが終わるという戦い方は、特に子供たちにはデメリットが大きすぎると思います。

堺ビッグボーイズの所属するボーイズリーグを例にとると、春休みと夏休みにそれぞれ全国大会が開催されるので、それに向けて、休みに入るとすぐに地区予選から試合が組まれます。その合間にも各地区やチームが主催する大会などが目白押しで、ほぼ毎週のように試合が組まれているのが実情です。

特に春季大会と夏の選手権大会という全国大会は、高校野球でいう春夏の甲子園大会と同じで、チームにとっても選手にとっても、最も大きな目標となる大会です。

そこでは、予選から負けられないトーナメントでの試合が続き、勝ち上がって初めて全国大会まで駒を進められることになります。

1つでも負ければ、そのチームは終わりです。そこでどういうことが起こるかといえば、優秀な投手への負担がどんどん増えてしまうのです。

野球というスポーツは、他の競技に比べると番狂わせが多い競技だと言われています。チームとして打力の差があっても、良い投手が投げれば相手はなかなか点を取れない。点を取られなければ、少なくとも負けることはないからです。

ボーイズリーグでは、ガイドラインとして投球回数の制限と連投制限は設けられていますが、球数制限はありません。極端に言えば7回までなら、100球でも120球でも投げることは可能です。トーナメント制度の大事な大会になればなるほど、負けられないために1人の良い投手に頼ることになります。そうなれば毎週、毎週、同じ投手が完投するのは当たり前になるのです。しかも、そういう投手は投げない試合ではキャッチャーに起用されることも多く、どんどん負担が大きくなる傾向もあります。

証言　瀬野代表

「大会などでよく対戦する主力投手の子が、いつの間にかいなくなることがあるんです。どうしたのかと思って、チーム関係者に聞くと、

『あいつは根性ないんだよ』

『あいつはスタミナがないんだ』

という答えとともに、『肘をおかしくした』と聞くことがたびたびありました。

肘や肩の故障で投げられなくなるどころか、手術をしていると聞いたこともあります。そういうことは、少年野球では非常によくある話です。

その原因は、どう考えても一発勝負のトーナメント制度にあります」

堺ビッグボーイズでは、２０１３年に24回も続いていた堺ビッグボーイズ大会に終止符を打ち、翌２０１４年から「フューチャーズリーグ」というリーグ戦の大会をスタートしています。

年間１４０試合もする子供たち

堺ビッグボーイズ小学部「チーム・アグレシーボ」は、僕の横浜高校時代の同級生である佐《さ》野《の》誓《せい》耶《や》君がコーチをしてくれています。頻繁にチームのことで連絡を取り合っていますが、彼に聞いて驚いた話があります。

他のチームを辞めて、ビッグボーイズに入部してくる子どもたちに多い入部のきっかけは、指導者の理不尽な怒声、長時間の練習や登板からの「避難」なのだそうです。

そんな子供の一人とは、こんな会話をしたことがあったそうです。

佐野「いままでいたチームは強かったの?」

子　「年間１０５勝しました！」
佐野「え？　じゃあ何敗したの？」
子　「多分35敗くらいだと思います……」
佐野「え？　それじゃ、年間１４０試合もしてるの？」
子　「はい！」
佐野「休みの日だけでしょ、試合は。毎週あるの？　一日何試合するの？」
子　「一日2試合くらい、場合によっては3試合する日もあります」
佐野「一つの大会で？」
子　「いいえ、一つの大会で試合が終わったら、別の会場に移動して、また試合をします」
佐野「全部で何人くらいのピッチャーが投げるの？」
子　「いつも投げるのは、３人くらいです」
佐野「え？　土日で4試合もあったら、３人では試合ができないんじゃない？」
子　「毎日先発して、基本は完投するので、だいたいエースが2試合投げます」
佐野「……。君はピッチャーじゃないの？　どうして君は投げないの？」
子　「ピッチャーはしたいんですが、たまに試合で投げても、打たれたらすぐに交代になります」

佐野「それ、自分でなんとも思わないの？」

子「……」

野球だけが仕事のプロ野球でも、年間行われる試合数は１４３試合。しかも平日も含めた日程です。

土日祝日だけ、しかもトーナメントで年間通して、寒い時期もずっと試合が行われているそうです。

なぜ肉体的にも精神的にも未成熟な子どもたちが、プロ野球選手より過酷な日程で試合をする必要があるのでしょうか？

少年野球では8月には読売新聞社が主催して、ボーイズリーグだけでなくリトルシニアリーグやヤングリーグ、ポニーリーグ、フレッシュリーグなど全国の中学硬式野球の組織が参加した「ジャイアンツカップ」という大会が開催されます。

日本中の硬式少年野球チームが参加して日本一を決める大会として、子供達にとってもチームの監督にとっても大きな目標となる大会です。しかしこの大会に参加するためには、8月上旬までにそれぞれのリーグの全国大会を終えなければなりません。勝ち抜くとそこから再び、本番のトーナメントによる厳しい戦いが待っているのです。

聞けば夏休みの7月から8月だけでなく多くの地域で、市町村や新聞社、あるいは地元企業の協賛によって開催される大会が目白押しだそうです。

地元を盛り上げたい、野球の隆盛に貢献したい、と思う関係者の皆さんの気持ちはわかりますが、これが本当に子供たちや野球界のためになっているのかどうか。そういう視点から、ぜひ思い直して頂きたいです。

大人たちが変わり始めた

堺ビッグボーイズが始めたフューチャーズリーグは、当初は趣旨を理解してくれた指導者のいる8チームでスタート。9月から11月末まで、他のボーイズリーグの大会開催日をぬいながら、3か月かけて総当たりのリーグ戦を行うようになりました。

大会の方式を変更して5年目を迎えた現在は、3年生、2年生、1年生で、それぞれリーグ戦を行っています。参加チーム数によって予選リーグやセカンドリーグを作ったり、組み合わせを変えたり、いろいろと方法を変えながら試合をこなしています。

10チームを2つのグループに分けて総当たり戦にして、次は上位5チーム同士と下位5チーム同士でまた総当たり戦をすることもあります。その方が力の拮抗した試合ができるからです。

そして最後はチャンピオンシップで決勝トーナメントを行い、優勝を決める、という方式になっています。

大会では、部員数によって人数の変動を設けながら、1試合で最低15人を少なくとも1イニング、1打席は立たせるというルールも決めています。

指導者の怒声、罵声は禁止というルールもあります。

こうした動きは徐々にボーイズリーグ内でも浸透してきて、堺ビッグボーイズが所属する大阪阪南支部では、2015年から全国大会の出場権をかけた予選をリーグ戦方式で行うようにもなっています。2018年は参加する14チームが4グループに分かれて総当たりの結果、上位6チームが優勝決定トーナメントに進出して、全国大会への切符を争いました。

このように、リーグ戦になれば選手が試合に出る機会が、格段に増えます。リーグ戦ならば、どのチームも規定の試合数は必ず確保できます。たとえ全敗でも5試合なら5試合、6試合なら6試合と試合数を必ず消化できて、選手が出場するチャンスは増えていくことになります。

主力選手はどんどん消耗するのに、控えの選手はベンチで「声を出せ！」と言われて必死に応援するだけで終わってしまうようなこともなくなります。子供たちはみんな野球がやりたくてチームに入ってきたはずです。より多くの子供に試合に出場するチャンスが広がる。そのことが少年野球の試合でリーグ戦を導入する大きな意味だと思います。

リーグ戦で大会を運営することのメリットはいろいろありましたが、その中でも思わぬ収穫は、大人たちの変化だそうです。今までは、負けたらすごい勢いで怒って説教していた監督が、リーグ戦になったら、「じゃあ、また明日頑張ろう」という感じになった。バントとかスクイズばかりやらせていた監督が、ヒッティングに切り替え、「思い切って打てよ」と選手に声をかけるようになった。そういう話を聞きました。

実は少年野球の現場で一番、勝利を求めているのは、選手の保護者かもしれません。子供の野球に情熱を注ぎ込んで、子供がミスをしたら「何やっとるのか！」と一番、怒るのはお父さんということも多いそうです。

でも、リーグ戦で試合をするようになってからは、負けることがそんなに悪いことではなくなった。お父さんやお母さんたちの試合を観る表情が優しくなったそうです。

投手の球数制限が必要だ

プロ野球の国際大会であるWBC（ワールド・ベースボール・クラシック）では、投手には厳しい球数制限が設けられていました。

先発投手は1次ラウンドでは65球、2次ラウンドは80球、準決勝、決勝では95球を上限として、50球以上投げた投手は中4日、30球以上投げた投手は中1日の休養日を設けること。また連投した投手は中1日以上の休養日を挟まなければマウンドには上がれないという規定でした。シーズン前の春先の大会ということも考慮された規定でしたが、肉体的には成熟したプロの選手でも、これだけ投げ過ぎに対して神経を使っているという現実をどうとらえるかです。

プロ野球の場合、球団にとって選手は大事な商品です。ものすごい金額の年俸を払って、その対価としてグラウンドでのパフォーマンスを求める仕組みです。ですから大枚をはたいた商品に傷がつくことを恐れるのは当たり前と言えば当たり前のことだと言えるでしょう。

特にメジャーではそういう意識が強いだけに、その商品、財産を守るために余計に神経質になります。

この「大事な商品だから守る」という言葉の、〝商品〟という箇所を〝子供〟に置き換えてみてください。

そう考えれば子供たちを守るために、日本の野球界はもっと神経を払うべきだということになるはずです。ボールを投げすぎることが、まだ成長途中の中学生や高校生、大学生の身体、肩や肘にどれくらいの負担をかけるのかを考えるべきです。

特に硬式のボールは重く、小中学生の子供たちには負担が大きいことも考慮すべきです。

2017年に僕がWBCに参加したときに、代表選手の間で話題になったことがあります。それは、日本代表に選ばれた投手に軟式野球出身者が非常に多かったことです。

巨人の菅野智之さんを筆頭に楽天の則本昂大《のりもとたかひろ》さん、ロッテの石川歩さん、オリックスの平野佳寿さん（現アリゾナ・ダイヤモンドバックス）、ヤクルトの秋吉亮さん、西武の牧田和久さん（後にサンディエゴ・パドレス）、日本ハムの増井浩俊さん（現オリックス）、ソフトバンクの武田翔太くんと千賀《せんが》滉大《こうだい》くんと、代表に選ばれたそうそうたる13人の投手のうち、実に9人のメンバーが肩や肘への負担が少ない軟式野球の出身でした。

一方で、野手には硬式野球出身の選手が多いのも印象的です。2017年のWBCで軟式野球出身の野手は、青木宣親選手だけだったと思います。これは偶然とは考えられない問題で、子供の頃から硬式球を握って、ボールを投げ続けることがどれだけ負担になるのか。

投手と野手での違いは、硬式球が重いために、投手は投げ過ぎると負担が大きいですが、野手はあまり負担がない上、早くからバッティングで硬式球に慣れることができるという利点があるからではないかと思います。

アメリカでは、メジャーリーグ機構（MLB）から、「ピッチ・スマート」といって年齢に応じて投手が1試合に投げて良い球数の目安が示されています。日本でも少年野球のリーグや大会で、それぞれ球数や投球回数の制限が設けられるようになっていますが、まだまだ不十分というのが現状です。

データ

MLBでは2014年に医師を中心とした専門家の意見を基にしたガイドライン「ピッチ・スマート」を発表している。

ここでは年齢ごとに1日に投げられる上限と、投球数に応じて必要な休養日を細かく規定している（表3）。

こうした動きを受けて、アメリカを本拠にする日本リトルリーグ野球協会では小学生が参加するリトルリーグでは年齢別に8歳は1日50球、9歳から10歳は同75球、11歳から12歳は同85球と球数制限を導入。日本リトルシニア中学硬式野球協会では、1日の投球回数を7回まで、2日間で10回までとイニング制限を設けて投げ過ぎを抑制するルールを決めている。

また全国5ブロックから成る日本少年野球連盟（愛称ボーイズリーグ）も1日の投球回数のガイドラインを7イニングとし、連続して2日間で5イニング以上投げた投手と連続して3日間続けて投げた投手は、翌日には投手または捕手として出場できない取り決めをおこなっている。

また全日本軟式野球連盟の少年部、学童部では1日の投球回数を7回、タイブレークに入

表3　MLB「ピッチ・スマート」

年齢(歳)	1日の最大投球数(球)	休息期間ごとの投球数(球)				
		0日間	1日間	2日間	3日間	4日間
7-8	50	1-20	21-35	36-50		
9-10	75	1-20	21-35	36-50	51-65	66以上
11-12	85	1-20	21-35	36-50	51-65	66以上
13-14	95	1-20	21-35	36-50	51-65	66以上
15-16	95	1-30	31-45	46-60	61-75	76以上
17-18	105	1-30	31-45	46-60	61-80	81以上

MLB

――った際には9回としている。

僕は、大学生までは何らかの形で球数の制限は設けるべきだと思っています。高校生から大学生まではWBCの規定が一つの基準になりますが、ボーイズリーグ、リトルシニアリーグ、ヤングリーグのように中学生、小学生と年齢が下がっていくに従って、段階的に数字を下げていく必要があるでしょう。投手の投球数を限定するので、リリーフ投手を用意するために、ベンチ入りの人数を増やすことも大事なポイントだと思います。いずれにしろ肝心なのは、球数を管理することです。

今はボーイズリーグを含めて投球回数の制限を実施している組織が多いです。ただ、前述の通り投球回数の制限だと、例えば5イニングで球数が90球を超えてしまうケースもあります。結果的に制限の意味がなくなってしまうことになるので、球数の制限が絶対に必要なのです。

骨格、肘や肩の関節が十分に成長しきっていない彼らを守るのは、指導者と大会を運営する主催者の大きな責任だと思います。

変化球の多投が肘を壊す

問題は投げ過ぎにとどまりません。

少年野球のレベルでは、相手を簡単に抑えるにはスライダーなどの変化球がとても有効です。そこで投手は、そういう変化球を多く投げたがります。選手だけでなく指導者たちも、勝つためにスライダーやフォークボールの多投を求めるようになります。

そうすると、どういうことが起こるのか。

まずスライダーやフォークボールは肘への負担が大きく、多投すればそれだけ肉体へのダメージが大きくなります。さらに子供たちは試合でうまく投げるために、練習でも変化球の球数をどんどん増やしてしまいます。試合と練習の両方で、球数だけでなく変化球を投げる割合も多くなり、肘や肩への負担が増えてしまうのです。

証言　古島弘三医師

慶友整形外科病院慶友スポーツ医学センター長である古島は、日本のトミージョン手術（側副靭帯再建手術）の第一人者である。

「日本の子供は投げ過ぎですね。成長期のこれから背が伸びるという前から、柔らかい関節軟骨に対して、負担をかけている。投げている数が多くなればなるほど、肘や肩の障害が増えるのは当然のことだと思います」

古島は2017年と2018年の2度にわたり、ドミニカ共和国で子供たちの肘の障害に関する調査を行っている。

「2017年に142人、2018年に82人の子供たちの診察をして、結果から言えばドミニカ共和国では肘の外側の離断性骨軟骨炎はゼロでした。日本で同程度の規模の調査をするとだいたい5人くらいいてもおかしくない。慶友整形外科病院でメディカルチェックや検診で検査した子供が1523人いますが、離断性骨軟骨炎は3・9%という結果があります。内側の靭帯などの障害はさらに多くて、36%から40%の間の数字が出ています。病院によっては50%という報告もありますが、これがドミニカ共和国の調査では15%でした。

投げるという動作は基本的には、人の骨格には不自然な行為です。その上でストレートでは腕を伸ばしてボールを離すときに肘が外向きに回転して外旋する動作になる。これは普通の動きですが、スライダーは、そこで逆に内側に回転させなければならない。この動作が肘の靭帯に大きな負担をかけることになるわけです。

スライダーを多投すれば、それだけ靭帯へのダメージが蓄積される。問題はそういうダメージが蓄積されたまま、また次の登板で投げてしまうことです」

ドミニカ共和国では投手は厳格な球数制限の中で、しかも基本的にはストレートを主体にしたピッチングをします。変化球はたまにカーブやチェンジアップを投げますが、スライダーやスプリットは一切、投げることはありません。

「まず速い球を投げられるように訓練すること。変化球はもっと上のカテゴリーにいって覚えればいい」

現地の指導者になぜかと質問したときの答えでした。

同じくらいの学年の日本人とドミニカ人のチームが試合をしたら、おそらくいまは日本人のチームが強いでしょう。ドミニカ人の子供たちは、日本人の投げるスライダーをブンブン振り回して三振の山を築き、日本人のチームが圧勝するはずです。それなのに、成長して、彼らが野球選手として完成されたときには、日本人が勝つことは至難の業になってしまいます。

また、ケガをしないで、高いレベルで生き残っていく選手は、圧倒的にドミニカ人の方が多くなっていくのです。

堺ビッグボーイズでは、２０１０年からはスライダーを投げることは練習でも試合でも禁止になりました。学年ごとに球数の制限を設け、練習を含めて連投も禁止しています。球数の決まりは、試合を始める小学校４年生が40球、５、６年生と中学校の１年生までが変化球なしで50球を目安としています。中学２年生になると目安は70球に増えて、変化球もカーブとチェンジアップだけ解禁されますが、変化球を投げる割合は全体の１割程度に抑えるように指導しています。3年生はマックスが90球ですが、実際には試合で90球まで投げるケースはほとんどありません。

試合のない日の投球練習は30球をベースに、投げても50球まで。投球練習は土曜日と日曜日のどちらか1日だけと決められ、基本的に連投はさせない方針です。

高校野球と金属バットの問題

高校からプロに入ってきた選手で、木製バットに苦労しているバッターを僕も多く見てきました。高校野球ではかなり打っていたのに、プロ入りした途端に全くダメになってしまう選手は結構、多いような気もします。何が原因かは一概には言えないですが、やはり金属バットの弊害が大きいのではないでしょうか。

金属バットは、とにかく当てれば遠くに飛んでいきます。腕を使って上体だけで振っても、当たれば軽く飛んでいく感じです。

それに比べて木製のバットは、インサイドからきっちりバットを出していかないと、しっかりボールをとらえることはできません。

僕はプロ入り当初も、比較的バットを内側から振れた方なので、周りのルーキーたちに比べると苦労は少なかったとは思います。ただ、それでもしっかり振らないと飛ばないので、強く振ろう、強く振ろうと意識してしまいました。

いままではこれくらいの振りであそこまで飛んでいたのに、木製バットで打ったら全然、飛ばなくなってしまう。それでどんどんバッティングそのものが崩れる原因にもなりました。

こうなってしまう大きな原因が道具、つまり金属バットにあるのではないのか。さらに言えば、金属バットを振り回して〈とにかくヒットを打てばいい〉〈ホームランを打てばいい〉という結果主義の指導が生まれがちではないかと思うのです。

僕らが高校生の頃は金属バットの規制ができていたので、松坂大輔さんたちがプレーした時代に比べると、打球は飛ばなくなってはいました。それでも木製バットに比べれば、本当に簡単にボールは飛びました。

理想を言えば、高校野球から木製バットを導入した方がいいと思います。こう言うと必ず経済的な問題が言われますが、果たして理由はそれだけでしょうか。

これまでお話ししてきた日本の野球環境で、最も象徴的な存在が高校野球です。

下馬評は低くても好投手を擁したチームが、その下馬評を覆してあれよあれよという間に勝ち進んでいく。甲子園でのこういうドラマは、これまでに何度もありましたし、その劇的な展開こそ、高校野球が日本でこれだけ熱狂的に支持されている理由の一つだとも思います。

このドラマを演出しているのが、先に問題にした一発勝負のトーナメント制度です。

それでも最近は、甲子園大会が開催されるたびに、投手の球数制限の問題がクローズアップされるようになりました。2018年の大会でも、金足農業高校の吉田輝星《こうせい》投手が予選から甲子園大会の決勝戦の途中まで、ずっと1人で投げ抜いたことが話題となったことは記憶に新しいところです。

彼が甲子園大会で投げた球数は、実に881球に及んでいました。過去には2013年の選抜大会で済美高校の安樂智大投手が5試合で772球を投げて、日本だけではなくアメリカでも、高校野球の投手の投げ過ぎとして大きな注目を集めたこともあります。

もちろん勝ちたいという思いは、安樂投手も吉田投手も、監督さんやチームメイトも同じだったと思います。勝つためには彼がマウンドに上がるしかない、とみんなが思ったのでしょう。そのことを責めてみても仕方ないとは思います。

しかし、安樂投手はその後、肘の故障で苦しみました。吉田投手も、彼ばかりではなく他の高校野球の投手たちも、この夏の戦いの間に自分の将来を、自分の才能を、どんどん削っていたことだけは間違いないのです。

問題は、甲子園大会で勝つことが、高校球児や高校野球関係者の唯一絶対の目標になってしまっていること。そのために将来ある優秀な一人の投手が、これだけの球数を投げても許されてしまうことなのです。

夏の大会が始まると、横浜スタジアムのロッカールームにあるテレビでも毎日、甲子園大会の県予選から本大会が放映されて、日本人選手は、母校や故郷の学校の戦いにそれこそ一喜一憂しています。

しかし、それを見て外国人選手はいつも苦笑いしているのです。

「クレイジー！」

１５０球を投げ続ける投手、スクイズに歓喜する球児を見て、彼らはこう首をすくめます。日本の夏の風物詩も、世界基準から見れば異端でしかありません。

高校野球に金属バットが導入されてから、すでに40年以上の歳月が流れています。その間にいくつかの規制はあったと聞きますが、飛びすぎることへの問題意識はまったくありませんでした。

データ

高校野球に初めて金属バットが導入されたのは１９７４年の夏の大会だった。導入された

理由は経費節減だった。それまで高校野球では木製バットや竹を貼り合わせた接合バット、いわゆる竹バットが主流だったが、こうしたバットは芯を外れて打つと折れる。消耗品のバット代が野球部の予算を圧迫するため、折れにくい金属バットを導入して経費節減を図るという名目だった。

導入された1974年の大会で優勝したのは、後に巨人入りした篠塚和典（当時利夫）が4番を打っていた銚子商業。東海大相模の原辰徳が1年生のときだった。当時はまだ性能は悪く重量も940グラム前後と今のバットよりかなり重めが主流だった。それでも木製バットに比べれば芯が広く、多少、芯を外れてもバットは折れずにボールがよく飛ぶことがメリットだった。

2001年には、900グラム以下の重量のバットの使用禁止。もっとも太い部分の最大径が6・6センチ以下、長さが106・7センチ以下という規制が設けられたが、反発係数などに関する規制は特に設けられていない。

高校生の野球は金属バットを使うのが当たり前というのも、日本だけの固定観念かもしれません。

ドミニカでは、MLB30球団がそれぞれ保有し、16歳から選手を受け入れる野球アカデミーでは、木製バットを使います。それ以前の年齢の子供たちが、木のバットで打っている姿もよく目撃しました。16歳で受けるアカデミーのトライアウトは木製バットで行われるので、13歳ころから、試合も含めて木製バットを使うことが多いそうです。

昔は韓国の高校野球も金属バットを使っていましたが、今は木製バットに切り替わり、台湾も木製バットを使っています。

アジア圏の野球が盛んな国で、金属バットを使用しているのは日本くらいのものなのです。

そこでどういう結果が起こるのか？

２０１８年には、日本で野球のU−18アジア選手権が開催されました。夏の大会で優勝した大阪桐蔭高校の選手たちを中心にした日本代表チームでしたが、木製バットを使用したこの大会では、決勝戦にも進めませんでした。

１次リーグの韓国戦では5安打1得点、２次リーグの台湾戦も2安打1得点と、打線が振るわなかったのが敗因と言われています。

果たしてこの結果に対する責任は、選手たちの実力にあるのでしょうか？　彼らは子供の頃から金属バットを持ち続けてきました。夏の甲子園大会が終わった直後に木製バットに持ち替えたところで、そう簡単に打てるものではないのは当たり前です。

データ

高校生を対象としたU－18の国際大会には、近年では2年に1度開催されるアジア選手権と、2013年から始まり、やはり隔年で開催される世界大会のワールドカップがある。

ワールドカップは日本の夏の甲子園大会と開催期間が重なることなどもあり、日本チームは全ての大会には出場していないが、出場した過去3大会で優勝は0。準優勝が2回。またアジア選手権でも木製バットになった2011年以降の大会では2度の優勝を果たしているが、2018年を含め2大会で優勝を逃している。

アメリカでは大学生まで金属バットを使っていますが、それは反発係数の非常に低いバットです。「チーム・アグレシーボ」の体験会で、僕はアメリカで使われている金属バットで打ってみたことがあります。日本製に比べると、驚くほどボールは飛びません。当たった感触も全然違って、木製バットに近い感覚がありました。

同じ金属バットを使うのでも、このようなバットなら自然とスイングも変わっていくはずです。

しかも飛ばないバットを使えば、試合もいまのような打撃戦が減って、投手の投げ過ぎという観点からも波及効果が期待できるかもしれません。経済的な問題が指摘されますが、値段は多少高めではあるものの、金属バットとそれほど違うわけではないと聞きました。

日本の飛びすぎる金属バットは、個人の技術の発達を阻害するばかりか、こうして国際化の波からも置いてきぼりをくう事態を招いているのです。

この現実を見てもなお、高校野球の関係者は、飛びすぎる金属バットを使うことが「高校野球らしさ」だと思うのでしょうか。

高校野球だからこそ、できる改革がある

僕が小学校1年生のときに、松坂大輔さんが甲子園で一人で投げぬいた試合を観戦したことは、前に書きました。

甲子園球場から和歌山・橋本の自宅に帰る間、僕はずっと父に松坂さんの話ばかりをしていたそうです。とにかく強烈に松坂さんのピッチングが目に焼きつき、一人であのＰＬ学園に立ち向かっていく姿に感動して、虜《とりこ》になってしまいました。

それが高校野球だと思っていたからです。

しかし、僕は成長し、時代は変わりました。35度を超える猛暑の中で、ふらふらになりながら野球をやる。身体が悲鳴をあげそうになっても、我慢してグラウンドに立ち続ける。そうい

う我慢や忍耐が高校野球だという固定観念は捨てるべきだ、と今は思っています。

「勝利至上主義」で監督がチームを支配して、学校や指導者の勝ちたいという欲求のために選手を酷使するような「高校野球らしさ」を許すべきではありません。

「みんながプロ野球の選手になるわけではなくて、高校野球で燃えつきることを望んでいる選手もいる」

「甲子園出場を目指して努力し、壁を乗り越えるために耐えることも必要だ」

高校野球を巡っては、こういう話を聞くことがたびたびあります。

もちろん、プロ野球に行くことばかりが高校球児の目標ではないのは当たり前です。僕自身、甲子園を目指して選手が努力することは、高校野球の一つの意味だとは思います。

ただ、そのために選手の身体や心を犠牲にしてしまっては、主客転倒もよいところではないでしょうか。

例えば投手が骨折していたら、さすがに指導者も「骨が折れていてもいいからムリしていけ！」とは言わないと思います。しかし肘や肩の故障では、多少の痛みがあっても平気で投げさせる。肘や肩の故障が、骨折と同じ「ケガ」だという認識があまりにも少ないからです。

しかも、この問題がさらに深刻なのは、骨折は適切な治療をして休めば骨が元通りになることがほとんどですが、酷使によるケガや障害は、休んでも決して元には戻らない、ということとです。

プロ野球の選手の中には、甲子園大会に出場したことのない選手も大勢いますし、中学生や高校生の頃にはまったくプロを意識しないでのんびりと野球を楽しんでいた、という選手もいます。反対に、凄い才能のある選手が、厳しい指導や過剰なスパルタ式の練習で潰れていくケースも、僕は見てきました。

プロを目指しているかいないかとは関係なく、「高校野球で燃え尽きる」ことは、絶対にその選手の将来のためにならない。むしろ、故障して「燃え尽きて」しまわないように休養を取らせるのが、指導者の義務であるはずだ。

僕はそう思っています。

経験論ばかりを語り、指導について学んでいない大人たちが、悪気はないにせよ勝つために子供たちを酷使し、それが多くの選手の将来を台無しにしていることは、あまりに残念でなりません。

僕は日本の野球が変わっていくためには、高校野球が変わることが絶対に必要だと思っています。

もちろん高校野球のすべてが悪いのではありません。高校野球も素晴らしいところはたくさんあります。でも、遅れている部分もたくさんあるのは事実です。高校野球は日本の文化かもしれません。しかしその前に、スポーツなのです。スポーツとして、世界の常識から取り残されてしまっていることを、見つめなおさなければならない時期にきている。

決して過去や、前例に縛られるのではなく、海外に目を向けてそこから色々吸収することも大事ではないでしょうか。

高校野球が球数制限を導入し、金属バットの反発係数の規制を行い、試合日程の改革を行えば、かならず少年野球もそれに倣って、一気に改革が進むはずです。

高校野球は日本の野球界において、良きにつけ悪しきにつけ大きな影響力を持っています。それは、それだけ責任が大きいということなのです。

僕は両親に感謝していることがたくさんあります。中でも特に思うのは、子供の頃から目上の人に対する礼儀や感謝の気持ちを持つよう、厳しく躾《しつ》けられたことでした。礼節《れいせつ》は日本人が持つ大きな美徳だと思いますし、野球をやっていく中でも、常に学んできたことでした。

チームの監督や先輩に対しての礼儀、また練習を手伝ってくれる下級生や裏方さんへの感謝の気持ちは、野球に限らずスポーツを続けるうちに身についていく、大事なことの一つです。

特に、選手が指導者に対して尊敬の念を持つことは、スポーツの良いところです。僕は、選手と指導者の関係は決してフラットなものにはならないし、そこまでいってはいけないとも思っています。

しかし、それはあくまでも選手の側の意識、態度の問題で、逆に指導者がそういう上下関係を選手に強いると、間違った関係になってしまう可能性があると思うのです。大事なことは、指導者もまた、選手をリスペクトすること。その上で、どうアプローチするかです。

英語で監督を表す「マネジャー」という言葉は、組織が目標に向かって円滑に機能するよう管理する人、という意味をもっています。コーチという言葉は、もとは馬車を指す「Ｃｏａｃｈ」が語源だそうです。それがなぜスポーツの指導者を表す言葉になったのかというと、「指導者は主役である選手を運ぶ乗り物」という意味で広まったと聞きました。

僕はドミニカで、選手がコーチに平気で自分の意見を言っているのを見て驚きました。コーチや指導者も、絶対に選手に対して「ああしろ、こうしろ」とは言いません。

スポーツの主役は、やはり選手です。

少年野球の世界で言い換えれば、主役は子供たちなのです。

日本では、どうしても指導者は絶対的な存在になり過ぎてしまうようです。監督の言うことは絶対。監督の指示に逆らってはいけない。

世間を騒がせた日本大学のアメリカンフットボール部の違反タックルの問題も、監督、コーチの指示には絶対に服従しなければならないという日本のスポーツ界独特の風土が根底にあるのでしょう。

子供たちには個性がある

しかも監督には選手を使う権限があります。

僕も何度もそういう経験をしました。

コーチから打ち方を変えろと言われて、それができないとこう言われました。

「言うことを聞かないのなら、2軍に落とすぞ」

まだプロに入って2、3年の何の実績もない選手にとって、その言葉は重いです。

もし、あのときにコーチがちゃんと僕の話を聞いてくれて、「それじゃあオマエのやり方で結果を出すためには、どうしたらいいかを考えよう」と言ってくれていたら、また違った成長の仕方があったのかもしれない。

今でもそう思うことがあります。

日大の違反タックル問題も、いくらでもある日本のスポーツ界の悪い側面が表面化したに過ぎません。野球の世界でも、監督が投手に「ぶつけろ」と指示をすることもあったと聞きます。「やらないと怒られるし、使ってもらえない」

選手には最初にそういう心理が働いてしまいます。逆らえないという心理。小学生の頃から指導者が絶対で、「言うことは何でも聞かなければならない」と本能的にインプットされてしまっているからです。

そのとき、選手はすでに思考が停止してしまっているのです。

子供は、技術的にはまだまったく完成されていない白紙の状態です。それでも、一人ひとりにちゃんと個性はあるのです。

背の高い子供もいれば小さな子もいます。子供時代の僕のように太った子もいれば、やせっぽちの子もいます。子供の割には筋力が発達した子もいれば、そうではない子もいます。

こういうことは優劣ではなく、すべて子供たちの個性です。だとすれば一人ひとり、個性の違う子供たちを一つの型にはめてしまって、それで子供たちは成長できるでしょうか？

大切なのは、指導者や周りの大人が選手や子供たちを一人の人格としてリスペクトし、子供たちから自分が教えられることもあると気づくことです。

そう気づけば、子供たちを押さえつけたり、怒鳴ったり、自分たちの思う通りに型にはめようとすることもなくなります。

監督やコーチと子供たちの間には、しっかりとした信頼関係が築き上げられるでしょう。

そうすれば、子供たちはきっと笑顔になるはずです。

その笑顔の先に、彼らの未来が開けるのです。

ＷＢＣで野球漬けになる幸せ

２０１７年３月。僕は日本代表チームの一員として第４回ワールド・ベースボール・クラシック（WBC）に参加させていただき、改めて野球の楽しさを実感しました。

国を背負って、負けたら終わりという状況で戦うとき、今までに経験したことのない究極の緊張感を感じました。どの国からも、本当に力のある凄い投手ばかりが出場し、その投手たちはどんどんストライクを取りに来て、真っ向勝負する打席が続きました。

日の丸を背負って集まった代表選手たちは、みんな本当に野球が大好きで、グラウンドの外でも、いつも野球のことで頭が一杯です。

どうしたら海外の投手が投げる動くボールを打ち崩せるのか。どうしたら日本人とは違う投球テンポにタイミングを合わせられるのか。

一緒にご飯を食べにいっても、何時間もそんな話が尽きませんでした。そこに身を置いて、僕自身も吸収することがたくさんありました。何よりも野球漬けになれる日々を、充実感いっぱいに過ごすことができました。

そういう日々を経験して、僕が改めて感じたことは、自分は本当に野球が大好きだ、ということでした。

どんなに厳しい勝負の中に身をおいても、野球をやることはやはり楽しい、ということです。

僕がこの本を書こうと思ったのは、野球の楽しさそのものを子供たちに取り戻してもらいたかったからです。野球をやる子供たちがどんどん減っているのに、根本的な問題がほとんど話し合われていないように感じたからです。

自分の歩んできた道や子供時代のエピソードを紹介したのも、それによって、なぜ僕が今こういう考えを持つに至ったのかを知っていただきたかったこと。また、野球に携わる人たちが、子供たちを取り巻く問題に向き合っていくとき、考える材料の一つになるのではないか、と思ったからです。

繰り返しになりますが、僕は自分のやり方が答えだとも思っていません。子供たちは一人一人が違う個性で、一人一人に違う成長の道があるからです。

勝たなくても部員は集まる

僕がスーパーバイザーを務める「チーム・アグレシーボ」は、小学校の子供たちが低学年から安全に野球や運動を楽しみながら、様々なコミュニケーションを取れるよう、道を探していくチームです。

「アグレシーボ」とは、スペイン語で「積極的に、前向きに」という意味で、ドミニカの少年たちの指導でもよく聞いた言葉でした。ドミニカで見た子供たちの笑顔を、日本でも見たい、という思いが僕にはあります。

横浜高校の同級生でコーチを務める佐野誓耶くんは、堺ビッグボーイズの多くのコーチと同じく、「NPO法人BBフューチャー」の職員として指導の勉強をしたうえで、子供たちを教えています。

彼と話をしていると、

「子供たちが週末を楽しみにしているかな。来週もまたここにきて野球がしたいと思っているかな」

といつも考えているのが分かります。

ここでは、野球だけをぎゅうぎゅうに詰め込むような練習はしません。サッカーやドッジボールやかけっこや、色々な競技を通じて、まず子供たちがスポーツに楽しく触れ合える場所になっています。

2018年の1月に、僕も参加した体験会の後には部員数も倍増して、いまは62名の部員がいます。今年の6年生は、たまに出場する公式戦では未勝利で、まだコールド負けすることが多いと聞きます。それでも、部員数は増え続けているのです。

勝たなければならない。

強くなければ子供が集まらない。

そういう考えはある種の思い込みで、時代にマッチしたやり方をすれば、まだまだ野球をする子供たちは増えるのではないか。僕はそう期待しています。

ここでの経験を経て、高校生や大学生、社会人になっても野球を続け、いつか僕のようにプロ野球の選手を目指す人がいてもいいでしょう。中学生や高校生になるタイミングで本格的な野球からは離れ、草野球などで生涯野球を楽しめる人がいてもいいと思います。

何より野球を通じて、自分の人生を切り開く積極性を身に付ける場になればよいと思っています。

固定観念を打ち破る

これからの時代は、上からの指示に従うだけでなく、自分の頭で考えて行動できる人材こそが活躍できるようになる。

僕はそう思っています。僕だけでなく、世の中全体にそういう空気が広がっているからこそ、野球界の古い体質が敬遠されてしまっているのではないか、とも思います。

保護者のみなさんには、こういう新しい考え方で少年野球に取り組むチームがあるということを、ぜひ知って頂きたいです。

もちろん、「チーム・アグレシーボ」だけ、堺ビッグボーイズだけでは、なかなかうまく行きません。「変わろう」と考えるチームが一つの起点となって、全国各地に広がって行くことを夢見ています。そして、高校野球や大学野球に関わる指導者や関係者が、本当に子供や学生の将来を考えた環境を作るようになってほしいのです。

２０１８年１月の「チーム・アグレシーボ」体験会の翌日には、ボーイズリーグのＯＢとして、大阪にある同リーグの本部を訪ね、会長や役員の皆さんにご挨拶をさせていただきました。その際には子供たちをケガから守るためのルール作りなど、抜本的な改革の必要性も話題に出し、皆さんが僕の話に耳を傾けて下さいました。

また同じ年代のプロ選手の間でも、野球界を変えていくために、自分たちの世代が中心になって頑張っていかなければならないという声が出ています。

古い固定観念を打ち破るには、どれだけの時間とエネルギーが必要なのか。そのことを、これまで僕は痛感してきました。

最初に車を動かすのは大変かもしれません。それでも、同じ考えを持つ仲間と力を合わせて、少しでも野球界を動かしていきたい。そのために、これからも勇気を振り絞って声を出していきます。

大好きな野球のために、僕はでっかいホームランを打ちたいのです。
古い壁をぶっ壊すために、僕はフルスイングします。
「空に向かってかっ飛ばせ！」（Para la calle）

（文中一部敬称略）

筒香嘉智（つつごう　よしとも）
プロ野球選手。横浜DeNAベイスターズ所属。1991年、和歌山県生まれ。小学生の時に地元の硬式野球チーム和歌山ニューメッツに入団。中学生になり、堺ビッグボーイズに入団。2007年、横浜高校に入学。2009年のドラフトで横浜ベイスターズに１位指名され、プロ入り。チームはオーナー企業の変更で横浜DeNAベイスターズと名称が変わり、現在はキャプテンを務める。2017年のWBC（ワールド・ベースボール・クラシック）で代表に選出、ナショナルチームの４番を打つ。

取材協力：横浜 DeNA ベイスターズ／千葉ロッテマリーンズ／ホテル横浜ガーデン

空《そら》に向《む》かってかっ飛《と》ばせ！
未来《みらい》のアスリートたちへ

2018年11月30日　第１刷発行

著　者　筒香嘉智《つつごうよしとも》
発行者　飯窪成幸
発行所　株式会社 文藝春秋
〒102-8008 東京都千代田区紀尾井町3-23
電話　03-3265-1211
印刷所　精興社
製本所　加藤製本

ISBN978-4-16-390936-3　　Printed in Japan